Enzo **Cursaro**

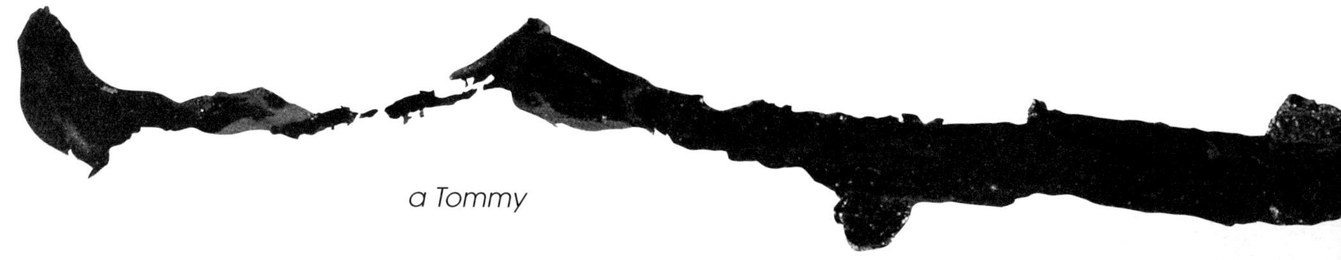

a Tommy

Enzo **Cursaro**

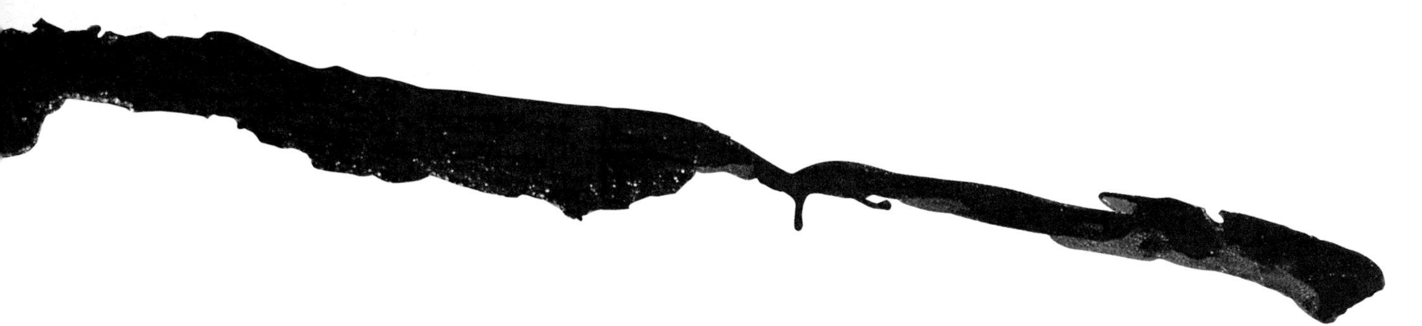

CHARTA

Progetto grafico/Design
Gabriele Nason
con/with Daniela Meda

Coordinamento redazionale
Editorial Coordination
Emanuela Belloni

Redazione/Editing
Elena Carotti
Debbie Bibo

Traduzioni/Translations
Judith Mundell

Ufficio stampa/Press Office
Silvia Palombi Arte&Mostre, Milano

Copertina/Cover
N-A # XI, *2001*

Referenze fotografiche/Photo credits
Archivio Cursaro
Maurizio Brenzoni
Luciano Perbellini

Ci scusiamo se per cause indipendenti
dalla nostra volontà abbiamo omesso
alcune referenze fotografiche.
We apologize if, due to reasons wholly
beyond our control, some of the photo
sources have not been listed.

Nessuna parte di questo libro può essere
riprodotta o trasmessa in qualsiasi forma
o con qualsiasi mezzo elettronico,
meccanico o altro senza l'autorizzazione
dei proprietari dei diritti e dell'editore.
No part of this publication may be
produced, stored in a retrieval system or
transmitted in any form or by any means
without the prior permission in writing of
copyright holders and of the publisher.

Edizioni Charta
via della Moscova, 27
20121 Milano
Tel. +39-026598098/026598200
Fax +39-026598577
e-mail: edcharta@tin.it
www.chartaartbooks.it

Printed in Italy

In collaborazione con
In collaboration with

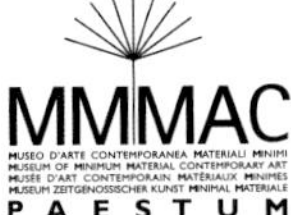

MMMAC Museo d'Arte Contemporanea
Materiali Minimi, Paestum

Galleria Studio '34, Salerno

Galleria Scala Arte, Verona

Con la partecipazione di
With the participation of

Studio consulenza Cesare Crespi, Roma

Sponsor

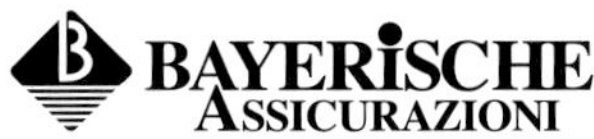

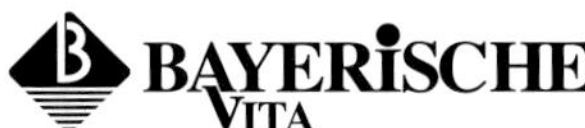

SSI ASSCONSULT

*La realizzazione di questo libro è stata
possibile anche grazie al generoso
supporto di* Peter Kimmel *e al contributo
dei collezionisti* Emanuele Picogna *e*
Massimo Caliciotti.
*The realization of this book was also
made possible by the generous support
of* Peter Kimmel *and the contribution of
the collectors* Emanuele Picogna *and*
Massimo Caliciotti.

Enzo Cursaro
Neroargento

Galleria Studio '34, Salerno
26 ottobre-30 novembre
26 October-30 November

Mostra a cura di/Exhibition curators
Paola Lorusso *con la collaborazione
di/with the collaboration of* Nuvola Lista

Responsabile programmazione mostra
Exhibition Planner
Pasquale Carchio

Coordinamento organizzativo
Organization Coordinator
Alessandro Stepan

Progetto di allestimento
Installation Design
Pietro Lista

Ufficio stampa/Press Office
Ettore Ranieri, Napoli

Un ringraziamento speciale a
A special thanks to
Marino Ercolani, Alessandro Melloni,
Romeo Galletti, Luigia Petrone,
Emma Stepan, Ewa Zolcinska

E inoltre si esprime riconoscenza a
Virginia Gallotta *per il fattivo contributo
e a* Liliana Torelli *per la preziosa
disponibilità.*
Special recognition goes to Virginia
Gallotta *for her solid contribution and to*
Liliana Torelli *for her precious availabitliy.*

sommario/contents

I brividi della materia

Giorgio Cortenova

Il linguaggio di Enzo Cursaro pone seri dubbi in ordine a una spartizione rigorosa del territorio aniconico dell'arte. È proprio vero che, da un lato, vanno ad accamparsi le esperienze astratte e concrete, mentre da un altro lato si collocano quelle informali, più disponibili alle contaminazioni romantiche della materia? E inoltre, volendoci riferire all'astrazione, è così scontato che nel dopoguerra essa abbia in assoluto privilegiato e inseguito una sorta di rarefazione radicale, rivolta all'analisi e alla prassi del dipingere stesso?
Enzo Cursaro è tra quegli artisti che mettono in crisi le categorie e le gabbie schematiche del pensiero critico. Nel momento stesso in cui si attiene ad alcuni postulati del "fare astratto", egli lascia però lievitare un vero e proprio patrimonio di emozioni, di "scarti" e d'impulsi emozionali che si contendono la scena, finendo con il dissestare il campo visivo in cui s'inscrive la sua pittura. Quando poi potresti pensare che tutto ciò vada riferito agli "accidenti" del dipingere e alla volatile cangianza della percezione, ebbene, ti accorgi invece che non di risultati prettamente retinici si tratta, ma che entrano in gioco i sortilegi della psiche e le pulsioni di un Io insonne e irrequieto.
Pochi artisti, come Cursaro, sanno coniugare insieme una lineare metodologia di lavoro con un'altrettanto efficace insorgenza onirica della visione. Arcane sospensioni, amabili ombre, ovali virtù – così suonano i titoli dei suoi lavori – non si sovrappongono, dall'esterno, alla superficie il più delle volte monocroma della sua pittura, ma affiorano dalla trama stessa del linguaggio, come un fantasma notturno ma non inconfessabile, come un anatema esplicito ma racchiuso nel segreto dell'animo.
Le sue *Sospensioni* sono mute o misteriose, ma ad ogni buon conto si presentano "mutevoli": polvere d'ali sospese nell'aria, esse, al tempo stesso, emergono da arcane lontananze della coscienza, dalla radiosa intimità delle ombre, dalla risacca dei sogni che rabbrividiscono sulla soglia dell'incubo.
Artista singolare per capacità e evidenza di poesia, Cursaro esprime un fare pittorico generoso di allusioni e di piani metaforici, senza timori o riverenze di maniera. La sua capacità di congiungere i piani "terrestri", e le radici psichiche che ne emergono, con quelli mentali e aerei, lascia intendere una cultura autentica e irriverente rispetto ai riti del sistema dell'arte contemporanea. Egli per esempio non teme i sortilegi alchemici cari alle poetiche barocche, così come non si ritrae davanti ai brividi surreali del segno: perciò i solchi dialettici della sua materia penetrano con affascinate espressività nei paradisi e negli inferni del pensiero moderno.

The Thrills of Matter

Giorgio Cortenova

Enzo Cursaro's art raises serious doubts regarding a strict partitioning of the anti-iconic territory of art. Is it entirely true that abstract and concrete experiences are to be found on one side while on the other we find those informal ones, more amenable to the romantic contamination of the subject? And, moreover, wishing to deal with the topic of abstraction, is it such a foregone conclusion that in the post-war period this predominantly favored and pursued a sort of radical rarefaction, intent on the analysis and practice of painting itself? Enzo Cursaro is one of those artists who pose difficulties for the schematic categories and prisons of critical thought. Just when the tendency is to adhere to some "abstract" postulates he on the other hand is brewing a real quantity of emotions and emotional "cast-offs" and impulses which battle for dominance, ending by unbalancing the visual field in which painting is inscribed. Just when you begin to believe that all this can be attributed to painting "accidents" and the volatile shifting of perception, you realize instead that it has nothing to do with purely retinal results but the occult powers of the psyche and the thrusts of a sleepless and restless id which come into play.

There are few artists who are as talented as Cursaro at wedding a linear work methodology to an equally dreamlike onset of vision. Secret suspense, graceful shadows, oval virtues – these are what the titles of his works suggest – do not superficially overlap on the inevitably monochrome surface of his painting, but emerge from the very texture of his art, like a nocturnal but not taboo specter, like a curse which is not explicit but hidden within the secret depths of the soul.

His *Sospensioni* are mute or mysterious but in any case seem "inconstant": dust of wings suspended in the air, simultaneously emerging from a mysterious distancing of the conscience, from the radiant intimacy of shadows, from the undertow of dreams which shiver on the threshold of the nightmare.

A unique artist due to his skill and the vividness of his poetry Cursaro expresses a style of painting which is lavish in allusions and metaphorical planes, fearless and lacking in any affected reverence. His ability to link "terrestrial" planes and the psychic roots which emerge from them, along with mental or ethereal ones, hint at an authentic and irreverent culture compared to the conventions of the contemporary art system. For instance, he does not fear the alchemical powers beloved of Baroque poetics just as he does not shrink from the surreal vibrations of the sign: therefore the dialectical cracks in his subject deeply penetrate the heaven and hell of modern thought with fascinating expressiveness.

Dalla memoria della forma alla coscienza dello spazio

Giuliano Menato

Ciò che colpisce in Enzo Cursaro, il quale maturate singolari esperienze si è aperto una personale via all'arte, è la decisa determinazione con cui egli realizza il quadro utilizzando l'energia del colore. Elemento, questo, che pervaso di profonda emozionalità, porta il pittore a misurarsi in una varietà di situazioni imprevedibili e stupefacenti. Intendo dire che la costruzione del quadro non è data da un progetto stabilito a priori, studiato a tavolino, ma dallo sviluppo spontaneo che l'immagine acquista man mano che il colore, determinandosi in forma, dispiega le sue intrinseche proprietà. In senso stretto, la pittura di Cursaro non è né figurativa né astratta, si accampa su una linea mediana in cui confluiscono la mobilità della visione e il rigore dell'esecuzione.
Ho constatato rivisitando le opere del passato che appartengono di diritto alla storia dell'autore, perché senza di esse egli non sarebbe approdato agli esiti attuali, che l'evoluzione del suo fare artistico è imperniata sui modi dell'espressione – vale a dire su soluzioni formali che riportano direttamente al linguaggio della pittura e alle esperienze che esso consente – più che sui riscontri tematici, assolutamente innegabili, da collegare alle origini mediterranee del nostro. Il quale è nato a Paestum, località della Magna Grecia, crogiuolo di antiche civiltà, situata in un ambiente naturale di incantevole bellezza. Ho detto questo per non enfatizzare una componente importante, ma non decisiva, della biografia dell'artista, rintracciabile in alcuni particolari iconografici della sua opera, nonché in stesure cromatiche consonanti con il colore e il calore di una terra generosa. E, quindi, per non ricondurre, necessariamente, le strutture, che, squadrate e rigide, innervano un tempo la composizione, conferendole fissità di immagine, e gli stessi motivi decorativi di gusto arcaicizzante, ora a ciclopici volumi – i templi – ora a lineari archetipi che appartengono a quel paesaggio non più del cielo e del mare.
Ciò che è depositato nella coscienza non è andato perduto, presiede ancora a livello emotivo a ogni sua impresa artistica, ma nel lavoro recente più lucido si è fatto l'intervento creativo che, pur stimolato dalle emozioni che agitano la fantasia, ha liberato la rappresentazione da orpelli e calligrafie per tendere innanzitutto alla sintesi. E così esso ha conseguito un respiro ampio e profondo che meglio si addice, vinto il frammentismo, all'ariosa dilatazione degli spazi e alle pure architetture mediterranee su cui una luce diffusa sfuma il particolare, riduce il superfluo, unifica la visione. Su stati d'animo più che su frammenti del reale viene costruita ora una pittura di forte concentrazione mentale e di grande apertura d'orizzonte. L'accento lirico, suadente e vago, non si addice a Cursaro, che privilegia i contrasti di colori corposi e sanguigni, le accensioni di luci ardenti e vivide. Il carattere marcatamente espressivo di questa pittura, sempre più orientata verso l'astrattismo, mal sopporta ormai la segnaletica del paesaggio, i rimandi al vissuto inteso come cronaca. Il groviglio di situazioni emergenti dall'inconscio – in tale direzione è legittimo leggere l'impegno giovanile dell'artista – si

Già pubblicato in *Memoria-forma e spazio*, catalogo della mostra, Palazzo Ducale, Mantova, settembre 1998, edizioni arte & ARTE Studio, Verona 1998.

è districato, ha ceduto il passo alla chiarezza dell'immagine, all'essenzialità dell'impaginazione, da cui, penso, dipenderà ogni altra futura conquista. Protagonista dell'evento artistico è divenuto lo spazio sensibile, nel quale, dissoltasi l'annotazione memoriale, si diffonde l'eco di modulate stratigrafie che danno spessore alla pittura. Filamenti residui, segni erranti, tracce labili affiorano qua e là, conservano all'autore un'identità che non è andata perduta. Una cosa è certa: le opere dell'ultima produzione scelte per la mostra mantovana hanno l'irresistibile fascino del mistero che racchiudono, dell'ipnotica attrazione che sprigionano.

Il salto qualitativo, la svolta decisiva avvengono nel 1993-1994 in opere intitolate *Architettura 1*, *Pietre Pittoriche*, *Arcaico 2*. Nella varietà della vicenda cromatica e nella semplificazione dell'impalcatura compositiva, esse hanno già le caratteristiche che, opportunamente registrate, condurranno alla definitiva riduzione dell'impianto costruttivo, senza per questo arrestare la feconda vena pittorica. L'ampio respiro conferito al quadro con estese zone di azzurro e rosso che marginano la parte aneddotica, è una chiara anticipazione della volontà di procedere allo sfaldamento dell'immagine attraverso la fermentazione del colore. Questo si realizza appieno nella grande tela *Senza Titolo (Il Grande Rosso)* del 1998 e in altre similari, in cui la parte luminosa è percorsa da un'animazione interna che solo il superiore equilibrio dell'artista acquieta in superficie, consentendole di riverberare silenti barbagli.

L'uso del ferro al posto della tela o l'accostamento di entrambi i materiali come supporto di una stessa composizione sono adottati in una serie di quadri scintillanti appena punteggiati di tocchi colorati, con cui si afferma la tendenza a rimuovere quanto è di ostacolo all'espandersi del flusso luminoso sul filo della superficie. Si capisce che il supporto metallico diventa elemento attivo interagente con il segno graffiato e il colore maculato, impiegati per creare situazioni di particolare impatto visivo. Ma le ragioni della pittura non si affievoliscono con l'esaurirsi della forma perché l'artista non rinuncia alla sua esuberante sensibilità, non perde la carica vitale che produce energia. Talvolta egli effonde una sensualità estenuata in un lungo processo temporale, quasi proustiano per la continua germinazione. Allora ogni residuo esistenziale diventa palpito che la coscienza restituisce imprevedibilmente. Significative sono, a tal proposito, alcune opere del 1997-1998, nelle quali assieme al blu e al rosso compaiono anche il grigio e il nero, e ciò per meglio accogliere i messaggi che provengono ormai solo dall'intimo, dove hanno origine, non più dalle occasioni esterne, che affidavano alla memoria il compito di ricomporre brandelli di vita. Intermittenti baluginii vibrano nel tessuto della pittura, ma con la discrezione di chi ha capito che il silenzio è più eloquente della parola, predispone meglio all'ascolto. Già il silenzio, necessario per entrare in sintonia con la pittura, è un traguardo che ripaga un paziente lavoro, compiuto al riparo da assordanti clamori, fatto di pause e di riflessioni che captano il sottile respiro della moderna civiltà dell'immagine.

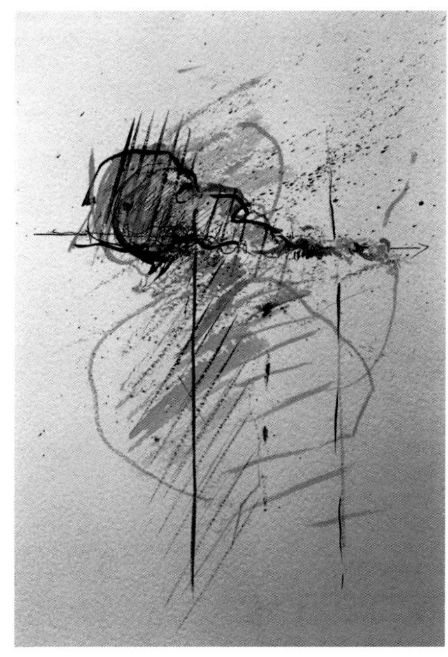

Senza titolo, 1999
gouache
cm 38x28

From the Memory of Form to Awareness of Space

Giuliano Menato

Enzo Cursaro is notable for his determination. One result of this is the way he creates his paintings through the energy of color. This is pervaded by deep emotion and has led him to create a great variety of marvelous yet unexpected situations. In other words, for him making a painting is not something planned in advanced but is the spontaneous development of the image as the color slowly becomes form and shows its particular properties. Cursaro's painting is, to be exact, neither figurative nor abstract but, rather, something in between where there exist mobility of vision and exactness of execution.

Looking at his earlier works I realized that they are part and parcel of the artist's own history: without them he would never have arrived at his present situation. The evolution of his works revolves around his expressive means; that is to say, they are based on formal solutions directly related to the language of painting and to the experiences its creates. I consider this even more important than the undeniable influence on his work of his Mediterranean origins. Cursaro was born in Paestum in Magna Grecia, a melting pot of ancient civilization set in an environment of extraordinary beauty. I point this out in order to mention an important, but not overriding, consideration when speaking about this artist, something that can be seen in certain details of imagery as well as in his use of a color reflecting the warmth of his homeland. And so I do not intend to overestimate the relationship of his work to his native landscape with its linear archetypes and its sky and sea even though there is an undeniable recurrence in his square and solid structures of ancient decorative motifs and allusions to the volumes of Greek temples.

His background is obviously not lost on him and broods over his work. But his recent work has been freed from the minor details of visual reminiscence and, while still inspired by his native emotions, has arrived at a synthesis. Now that he has overcome a certain tendency of fragmentation, this has given his painting a depth more in harmony with the spatial freedom and pure Mediterranean architecture of his work, and everything is unified by his particular suffused light. Now his painting is constructed more from states of being than from fragments of reality, yet it is still a painting of great mental concentration, of great openness. Cursaro is not inclined to a vague and lyrical way of working: he prefers strong material color contrast with bright and sharp swaths of light. The overtly expressive tendency of these paintings, which have become increasingly abstract, has less need of allusions to the landscape or to life in a documentary sense. While it was quite legitimate to interpret the artist's earlier work as ideas emerging directly from his subconscious mind, this has now given way to clarity of vision and to sharpness in visual layout: his future developments, I believe, will derive from this. By now the main actor in his work is a stratified space which, having taken the place of earlier personal allusions, is now the basis of his work. Cursaro has maintained his personal identity, as can be seen in residual strands of color, wandering marks, light traces. But one thing is certain: these latest works

Translated from *Memoria-forma e spazio*, exhibition catalogue, Palazzo Ducale, Mantova, September 1998, edizioni arte & ARTE Studio, Verona 1998.

chosen for this show in Mantua are irresistible for the mystery they enclose and for their hypnotic quality.

The decisive change in his works occurred in 1993-1994 with the works titled *Architettura 1, Pietre pittoriche*, and *Arcaico 2*. In their variety of color and their structural simplification they already possess those characteristics which could lead to a definitive slimming down of their construction, but this in no way interferes with their rich painterly handling. The artist's use of areas of blue and red gives the paintings a breath that eliminates any figurative references and indicates his intention to break up the image with fermenting color. This was to be fully realized in the large untitled canvas of 1998 *Senza Titolo (il Grande Rosso)* and in others of the same time. In these the luminous part is shot through with an internal animation that only the artist's great sense of equilibrium is able to organize, and the result is one of reverberating hidden light.

In a series of glittering pictures Cursaro adopts iron in the place of canvas or uses both together. He paints these with just a few touches of color with which he demonstrates his intention of removing whatever stands in the way of light spreading across the surface. The chosen support becomes an active element and interacts with the scratched marks and the stained color which are used to create a vivid visual impact. But the sense of these paintings is not limited to the form because the artist never suppresses his exuberant sensitivity nor does he lose his vital energy. At times he demonstrates this sensitivity through a temporal process. In these cases existential allusions are transformed and create an underlying sense of movement. Particulary significant in this regard are the series of works from 1997-1998. In these, together with blue and red, the artist also uses grey and black in order to convey his most intimate messages. These are no longer suggested by outside stimuli but arise from deep memories of life and experience. Flashes of subdued light shoot trough his paintings with all the discretion of an artist who knows that silence is often more pregnant than speech because it invites us to listen. Indeed silence, so necessary for entering in harmony with Cursaro's painting, is the product of his latest work. By distancing himself from noise and bustle he has created a world of meditation and pauses which is the very breath of modern image-making.

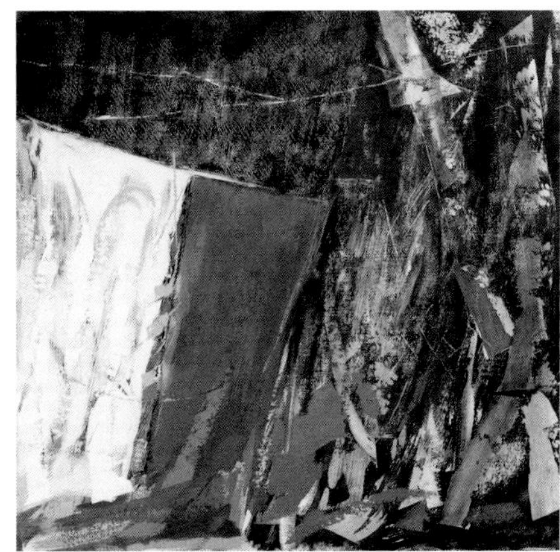

Pietre pittoriche # IV, 1996
acrilico, tela/acrylic, cloth
cm 146x146

Tra simbolo, materie e visionarietà

Giorgio Seveso

Cursaro è uno di quei pittori che tengono dietro soltanto alla loro voce interiore, intenti a seguire solo i giri di bussola di un loro personalissimo viaggio attraverso il mare della pittura senza mai farsi ammaliare dalle più o meno trascinanti sirene delle mode estetiche, sempre in agguato sulla loro rotta. Egli lavora da anni in una direzione d'espressività che, traversando i suoi vari periodi, si manifesta permanentemente sospesa tra la tattilità emozionale dell'immagine e la tormentata arbitrarietà dell'informale, in una dialettica di evidente, bruciante tensione simbolica. I suoi cicli, le sue stagioni d'artista oscillano costantemente tra questi due poli della visione, all'interno di una commistione, di un intreccio, di una dialettica che si è dunque creata nel suo modo di fare pittura e, soprattutto, di *sentirla*.
Si tratta di una dialettica che potrebbe apparirci, ad un primo impatto, come pretestuosa, cioè come ispirata a mere ragioni di gusto e di superficiali considerazioni formalistiche. Accade infatti, anche troppo spesso oggi, nella pittura italiana ma anche in quella internazionale, di vedere molti artisti inseguire indifferentemente formule e ricette radicalmente diverse tra loro alla ricerca della migliore "mistura", della mescola più opportuna e più omologata alle indicazioni culturali vincenti del momento. Di osservare, insomma, che molta della giovane e meno giovane arte attuale è più preoccupata del *sembrare* qualcosa che di esserlo davvero, ed è dunque molto più attenta agli aspetti meramente formalistici dell'espressione che alle sue vere sostanze comunicative.
E invece Cursaro, già dal primo sguardo rivolto alle sue ricerche e alle vicende del loro sviluppo, appare ben diversamente preoccupato rispetto all'opportunismo estetico che purtroppo oggi caratterizza una larga parte dei suoi colleghi. Perché se è vero che dall'*informel* fino ad una ritornante allusività concettuale i suoi mezzi sono percorsi da un certo nomadismo, è anche vero che si tratta di qualcosa di meditato e di assorto, addirittura si direbbe di sofferto, e che ogni ciclo d'enunciazione si risolve sempre e comunque in una chiave di allusività sentimentale collegata alla realtà fenomenica delle cose che lo circondano, in una tensione alla dilatazione poetica e narrante della sua esperienza in chiave di stato d'animo, di condizione emotiva. Si risolve insomma in una *metaforizzazione* della realtà.
Ed è anche vero, che la sua disinvoltura a esplorare, abbandonare e riprendere modi e filosofie di pittura talvolta assai lontani tra loro non risponde ad una mera strategia di gusto, ma è invece il frutto di una particolare esigenza lirica fatta di una inesausta e individuale curiosità, di un'ansia di cercare e scoprire sul terreno della significazione simbolica, caratteristica propria e definitiva del suo talento.
Preoccupato più dalla rispondenza poetica dell'immagine che dalle logiche stilistiche e linguistiche, Cursaro lavora per sottrazioni, per rastremazioni, per ossificazioni dei riferimenti tattili: colore, materia, segno. Dove il più delle volte il colore e la materia si giocano tra bitumi e catrami inauditi e insondabili, tra rossi frizzanti e opache lavagne di grigi antracite. E dove il segno s'incarna in graffi e lacerazioni, in sforbiciate da encausto, in combustioni tremanti, in compunte giustapposizioni

Già pubblicato in *Nero-Argento Rosso-Oro*, catalogo della mostra, Scala Arte, Verona, ottobre 2000.

geometriche di righe e linee scabre, sabbiose… Dove la tattilità conduce sovranamente ogni cosa ed ogni regola verso il culmine delle loro potenzialità, al punto da far pensare a quadri e superfici tanto da carezzare che da guardare, tanto da sfiorare lungamente con le dita quanto da osservare e meditare con calma.

In questa figurazione sospesa e arcana, che giustamente è stata definita dallo stesso Cursaro "un dialogo tra me stesso e le forme delle cose", la sua mano tende a cogliere le strutture più interne della realtà, a ridisegnare la sintesi e l'anima, l'intimo scheletro portante. Ed in ciò, certo, consiste l'aspetto più suggestivo, ma anche più spiazzante della sua liricità: in questa che propriamente è una simbologia fatta di sintesi che da una parte s'intrecciano a slanci sentimentali palpitanti di reminiscenze e aggallamenti di sapore mediterraneo e dall'altra, a vertiginosi assottigliamenti ermetistici, a prosciugate visionarietà minimaliste.

Per questo talvolta accade (nei diversi cicli, nei diversi periodi) che i suoi materiali bituminosi, gli impasti densi e le tormentate velature, le spatolate e le graffiature, i *frottages* e le inquiete frenesie del pennello si mutino fantasmicamente nell'ombra ossificata di se stessi, in pochi e sparsi segni d'una grafia febbrile, scabra e rarefatta. Oppure divengono reminiscenze di colori dilavati dal sole e corrosi dal salino, contrasti di luce abbagliante e d'ombra viva, sapori d'una classicità tanto antica quanto dimessa e quotidiana.

Si tratta di due aspetti d'un medesimo racconto emozionale, l'uno più gonfio e sensualmente concitato, l'altro più esangue e più mentale ma entrambi ben infitti nella polpa stessa del mondo, nella tossicità e nei languori delle sue arie attuali. Se per certi versi è dunque evidente la sopravvivenza del *genius loci* originario dell'artista (che è nato e cresciuto a Paestum) è soprattutto nella loro impronta di spigolosità, di concitazione, di elaborazione metaforica umorale e inquieta che queste suggestive immagini trovano il loro sigillo e la loro autonomia.

C'e comunque una tale ridondanza, un'accumulazione, una così alta ed elettrica stratificazione d'umori nelle scansioni dei suoi colori e dei suoi materiali, che la ricerca di stilemi d'affinità sembra inutile e comunque arbitraria. Più evidente invece appare l'esattezza espressiva cui è ormai giunto all'interno di questi suoi repertori. Una esattezza, una messa a fuoco, una concentrazione che s'addensa e si distende su di un terreno che non si può chiamare altro che visionario, intendendo con questo una fervida elaborazione interiore di spunti e memorie, intuizioni e lacerti d'emozioni, sovrapposizioni e aggallamenti di concrezioni sensibili, di brani d'immagine, di idee sorgive ricavate dal mondo d'oggi, dalle atmosfere emozionali che ci circondano, dal senso profondo della realtà che ci definisce. Voglio dire che, nelle sue opere, la distanza tra il risultato conclusivo (il momento, cioè, in cui l'immagine è "finita") e l'intuizione o il sentimento ispirativo di partenza, è appunto una distanza che segna lo spazio della visionarietà testimoniale: uno spazio lirico e trasognato, impalpabile eppure ben attivo, eloquente di giudizi, di espressività, di comunicazioni emotiva.

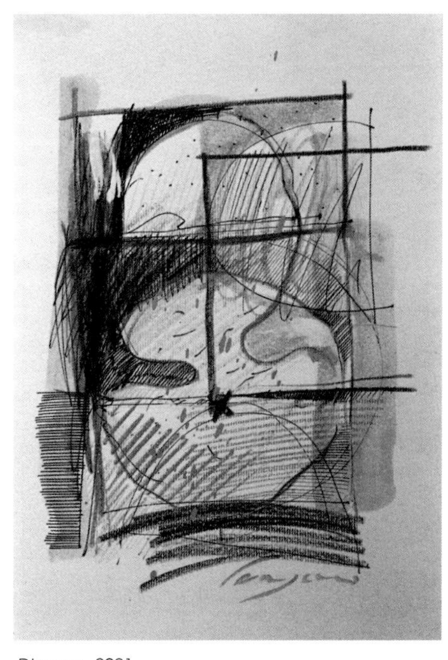

Disegno, 2001
Pastello, china/pastel, India ink
cm 24x24

A volte la pittura si ferma alla pittura stessa. Voglio dire che non sono pochi, tra i contemporanei, quei pittori che concepiscono il loro lavoro artistico come un'elaborazione puramente formale, squisitamente tecnica, e s'affidano totalmente solo alla sensibilità epidermica, al gusto del segno e della forma, figurativi o meno che siano. Come per una sorta di *erotica* del dipingere, ogni loro sensibilità e passione, ogni loro entusiasmo ed eccitazione si fissano esclusivamente sulla pelle della rappresentazione, e di questa dimensione tanto superficiale quanto beninteso suggestiva e legittima essi fanno il loro unico motivo, il loro solo referente poetico. Altri invece (e chi scrive non nasconderà certo d'essere tra quelli che prediligono questo secondo "modo") cercano più problematicamente qualcosa che si pone oltre la logica pura dei sensi pittorici, oltre la suggestione e la bellezza di una forma compiuta in sé. Badano, in altre parole, ad una pienezza dell'espressività che si compie solo nell'intreccio tra sentimento della pittura e sentimento del racconto…
Cursaro partecipa di tutta evidenza a questo secondo atteggiamento, per il quale l'opera evoca e comunica, certo anche sulla base di un'eloquenza intrinseca alle forme, d'una sua interna suggestione di materie e di immagini, ma soprattutto cresce e si conforma nel solco di un'idea o di emozioni organizzate attorno ad un preciso impulso narrativo, ad una "storia" da raccontare, sia pur essa minimale od allusiva. Dove, insomma, non c'e soltanto da avvertire l'effetto emozionale della tecnica o l'indistinto sentimento pittorico, ma dove prevalente diviene la più difficile, segreta, intima seduzione della metafora e del simbolo. In fondo è questo il segreto del fascino sottile, inquieto ed inquietante, che circola nei suoi quadri. Questa poesia che dilava la rappresentazione, la prosciuga, la scarnisce fino a poche, parchi segnali del ricordo e del sogno, è una poesia d'esistenza: una poesia, commossa dalla lenta sedimentazione delle tracce e dei lacerti che la vita deposita nel cuore dell'autore. E dunque è anche (come ogni autentica poesia) portatrice di valori universali, archetipi capaci di entrare in risonanza tanto labile e sfuggente quanto suggestiva ed efficace con il cuore dello spettatore, e capaci di comunicare davvero, nel senso alto di mettere in comune, sentimenti e meditazioni che traversano il difficile destino di noi tutti, uomini e donne d'oggi.

Between Symbol, Matter and Vision

Giorgio Seveso

Cursaro belongs to that group of painters who follow only their inner voice, intent on going only where the compass points on an extremely personal voyage across the sea of painting without ever being ensnared by the divergent delights of the sirens of aesthetic fashion which lie in wait for them. He has worked for years towards an expressiveness which, going through various periods, shows that it is permanently suspended between the emotional tactility of the image and tormented randomness of the informal, in a dialectic of evident, burning symbolic tension. His cycles, his seasons as an artist, constantly oscillate between these two poles of vision within a mixture, a web, a dialectic which has therefore originated from his way of making and above all of *feeling* art.
This is a dialectic which at first sight might appear to us as specious, that is, merely inspired by taste and superficial formalistic considerations. It happens in fact, all too often nowadays, in Italian but also in international painting, to see many artists indifferently pursuing radically different formulas and recipes in search of a better "mixture," of the most opportune and standardized blend of the successful cultural manifestations of the moment. To observe, in short, that much of the young and not so young present-day art is more worried about seeming something than really being it and is therefore much more attentive to merely formalistic aspects of expression than its true communicative essences.
And instead Cursaro who, and this is clear as soon as one looks at his work and the events in its development, appears to have very different concerns to the aesthetic opportunism which unfortunately nowadays characterizes a large part of his colleagues. Because if it is true that everything from the *informel* to a recurring conceptual allusiveness and its mediums are pervaded by a certain nomadic quality it is also true that we are dealing with something meditated and absorbed, one might even go so far as to say suffered, and that each cycle of enunciation always and anyhow ends in a vein of sentimental allusiveness connected to the phenomenal reality of the things surrounding it, straining towards a poetic and narrative dilation of his experiences in a vein which reflects the state of mind, an emotive condition. It concludes, in short, in a *metaphorization* of reality.
And it is also true that his nonchalance in exploring, abandoning and taking up again sometimes quite dissimilar painting manners and philosophies is no mere matter of taste but rather the fruit of a particular lyrical demand made up of a bottomless and individual curiosity, an anxiety to search and make discoveries in the field of symbolic signification which is a true and definitive characteristic of his talent.
More concerned about the poetic correspondence of the image than stylistic and linguistic logics, Cursaro works by subtracting ,by paring down, by ossifying tactile references: color, matter, sign. Where more often than not the color and matter risk between extraordinary and unfathomable pitch and tar, between sparkling red and opaque slates of anthracite gray. And where the sign is incarnated in scratches and lacerations, in encaustic snips, in tremulous combustion,

Translated from *Nero-Argento Rosso-Oro*, exhibition catalogue, Scala Arte, Verona, October 2000.

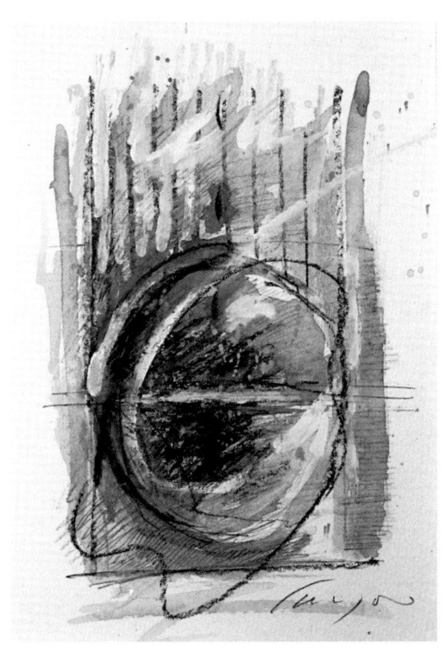

Senza titolo, 2001
gouache
cm 48x36

in contrite geometrical juxtapositions of rugged, sandy lines and contours... Where tactility regally leads each thing and each rule to the peak of their potentiality, to the point that makes one think of paintings and surfaces which are as much to be caressed as to be looked at, as much to be brushed lingeringly by the fingers as to be observed and pondered calmly.

In this suspended and arcane figuration which has rightly been defined by Cursaro himself "a dialogue between myself and the forms of things," his hand tends to seize upon the essential structures of reality, to redraw the synthesis and the soul, the basic supporting frame. And certainly there lies the most evocative but also the most breath-taking aspect of his lyricism: in this thing that is literally a system of symbols made of syntheses which on one hand are intertwined with palpitating sentimental outbursts of reminiscences and the bobbing up of Mediterranean and other flavors, to dizzying hermetic tapering, to a drained minimalist vision.

Because of this it sometimes happens (in different cycles, in different periods) that his tarry materials, the dense *impastos* and the tormented glazing, the scrapings and scratches, the *frottages* and the disturbed frenzies of the brush ghostly mutate into the ossified shadow of themselves, in few and sparse signs of a feverish, rugged and rarefied mark. Or they become reminiscences of colors faded by the sun and corroded by salt, contrasts of blinding light and living shadow, tastes of a classicism which is as ancient as it is modest and everyday.

These are two sides of the same emotional story, one more swollen and sensually excited, the other more bloodless and more cerebral but both well tangled in the very pulp of the world, in the toxicity and pangs of its present-day airs. If the native *genius loci* of the artist (who was born and raised in Paestum) has therefore in some ways evidently survived then it is above all in their stamp of intractability, of agitation, of erratic and restless metaphorical elaboration that these evocative images find their seal and their autonomy.

There is however such a redundancy, such an accumulation, such a high and electric stratification of moods in the scansions of their colors and materials, that the search for stylistic features of affinity appears futile and in any case arbitrary. The expressive precision that he has attained in these collections of his is now more evident. A precision, a focusing, a concentration which thickens and spreads on ground which can be labeled nothing else but visionary, intending by this a fervid interior elaboration of ideas and memories, intuitions and fragments of emotions, the overlapping and the floating up to the surface of sensitive concretions, shreds of images, springing ideas derived from the world of today, from the emotional atmospheres which surround us, from the profound sense of reality which defines us. I mean that, in his works, the distance between the conclusive result (the moment that is, in which the image is "finished") and the intuition or the initial inspiration, is precisely a distance which delineates the space of the testimonial vision: a lyrical and dreamy space, impalpable yet quite active, eloquent in ideas, expressiveness, emotive communication.

Sometimes painting stops short of painting itself. I mean that not just a few contemporary painters conceive their artistic work as a purely formal, uniquely technical elaboration and only wholly rely on superficial sensation, relishing the sign and the form, whether it be figurative or not. As if it were a kind of painting erotica, each of their sensitivities and passions, each of their enthusiasm and excitements are fixed exclusively on the skin of representation and they make of this dimension, which is as superficial as it is naturally evocative and legitimate, their sole motif, their only poetic reference. Others instead (and the writer certainly does not hide that he is among those who favor this second "way") more problematically seek something which lies beyond the pure logic of artistic meanings, beyond the evocation and the beauty of a self accomplished form. In other words they concentrate on a fullness of expressiveness which is achieved only in the weaving of the sentiment of the painting and the sentiment of the tale. . .

Cursaro plainly shares this second attitude, according to which the work stimulates and communicates, certainly partly on the basis of an intrinsic eloquence of form and its essential idea of subjects and images, but above all burgeoning and taking shape in the wake of an idea or an emotion, organized around a precise narrative impetus, a "story" to tell, be it minimal or allusive. Where, in short, not only do we perceive the emotional effect of the technique or the vague artistic sentiment but also and prevalently the most difficult, secret, intimate seduction of metaphor and symbol. At bottom this is the secret of the subtle, restless and disturbing charm which radiates in his paintings. This poetry which fades representation, draining it, paring it to the point where there are few, frugal signs of the memory and the dream is a poetry of life: a poetry aroused by the slow sedimentation of the traces and fragments that life deposits in the heart of the artist. And therefore it is also (like all authentic poetry) a bearer of universal values, resonating archetypes as fleeting and evasive as they are evocative and telling in the heart of the observer and able to really communicate, in the lofty sense of placing in common, sentiments and thoughts which traverse the obscure destiny of all of us men and women of today.

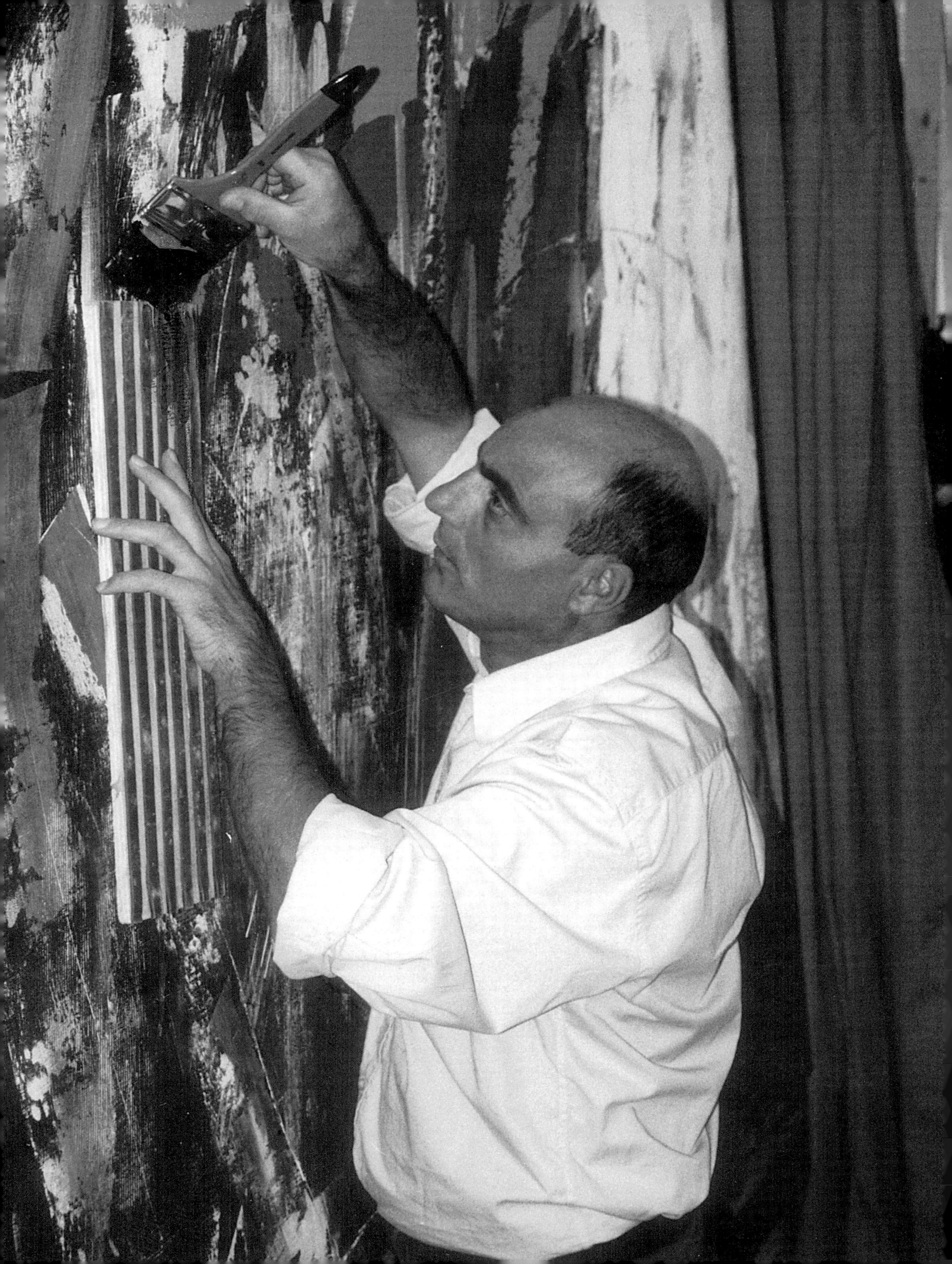

Virginee sospensioni, 2000

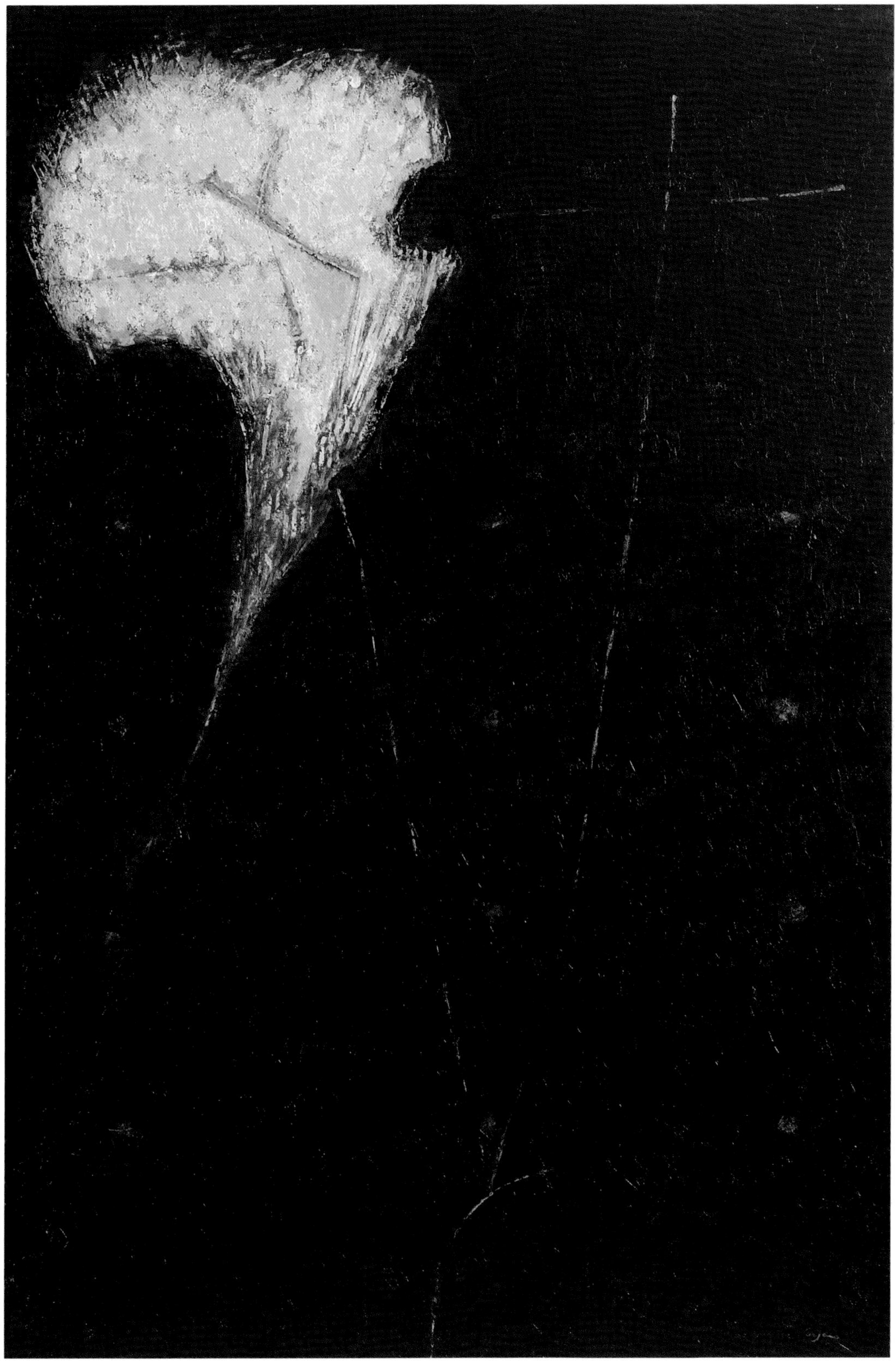

Mute sospensioni, 1999
Luminose sospensioni, 2000

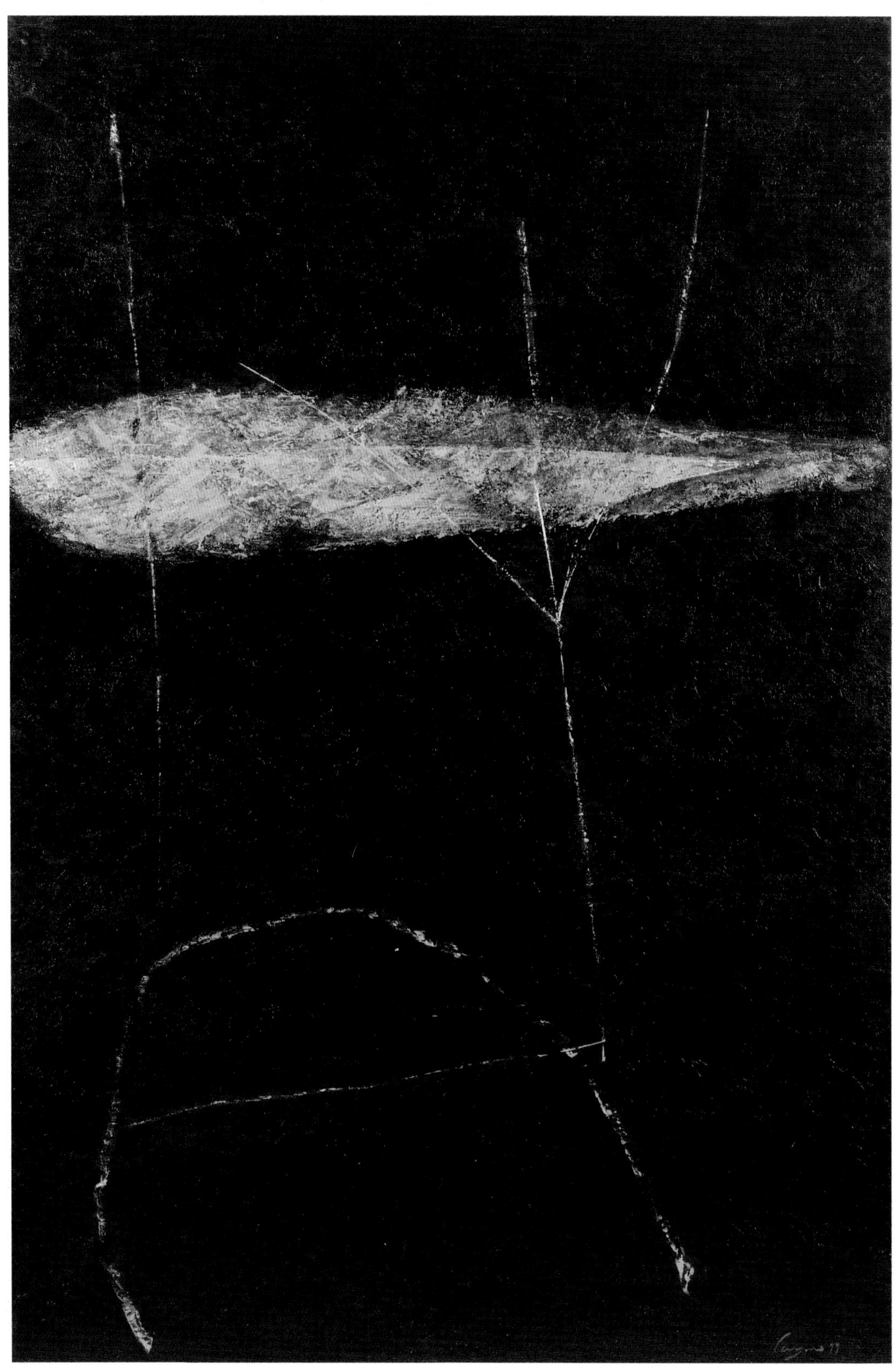

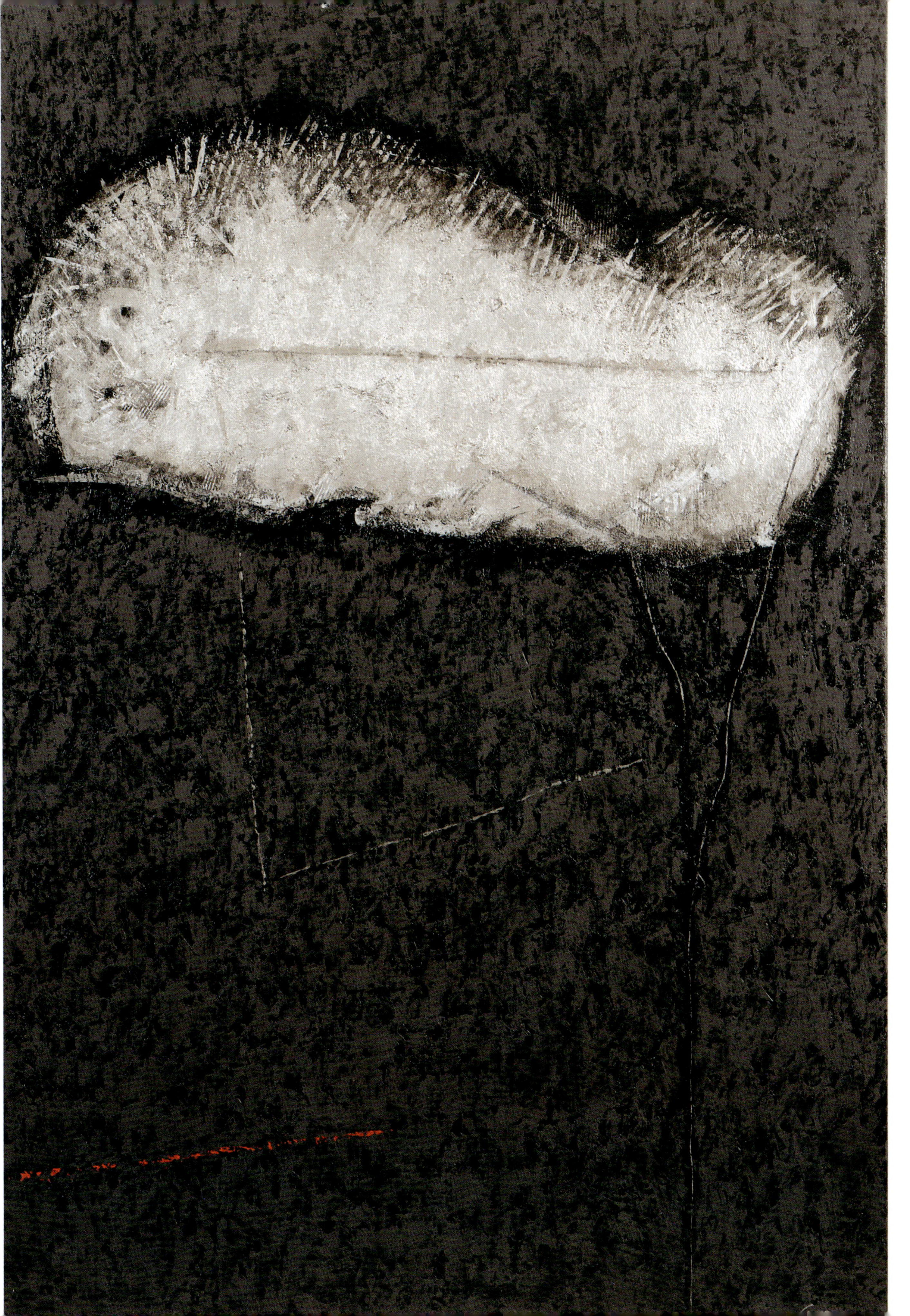

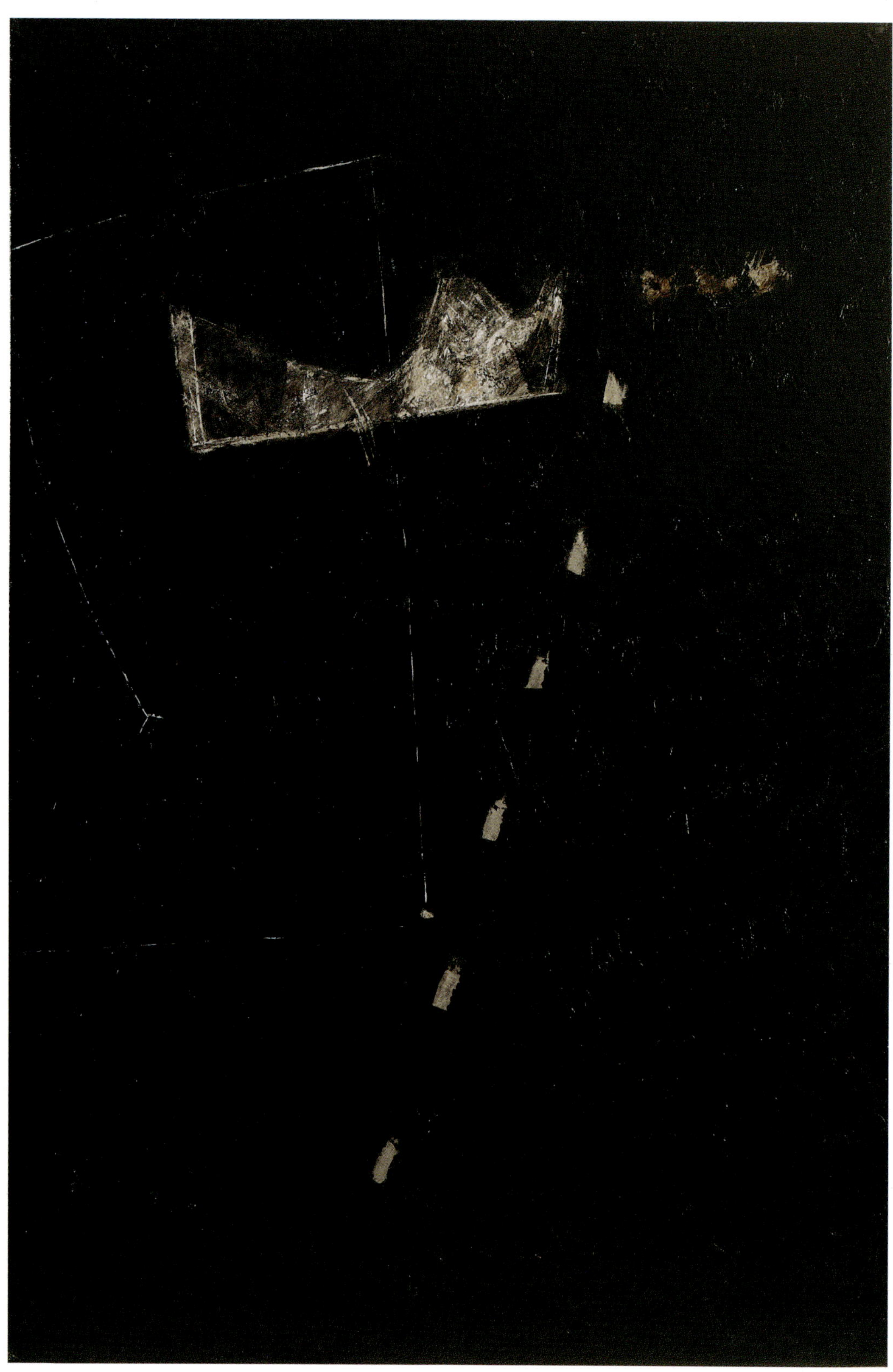

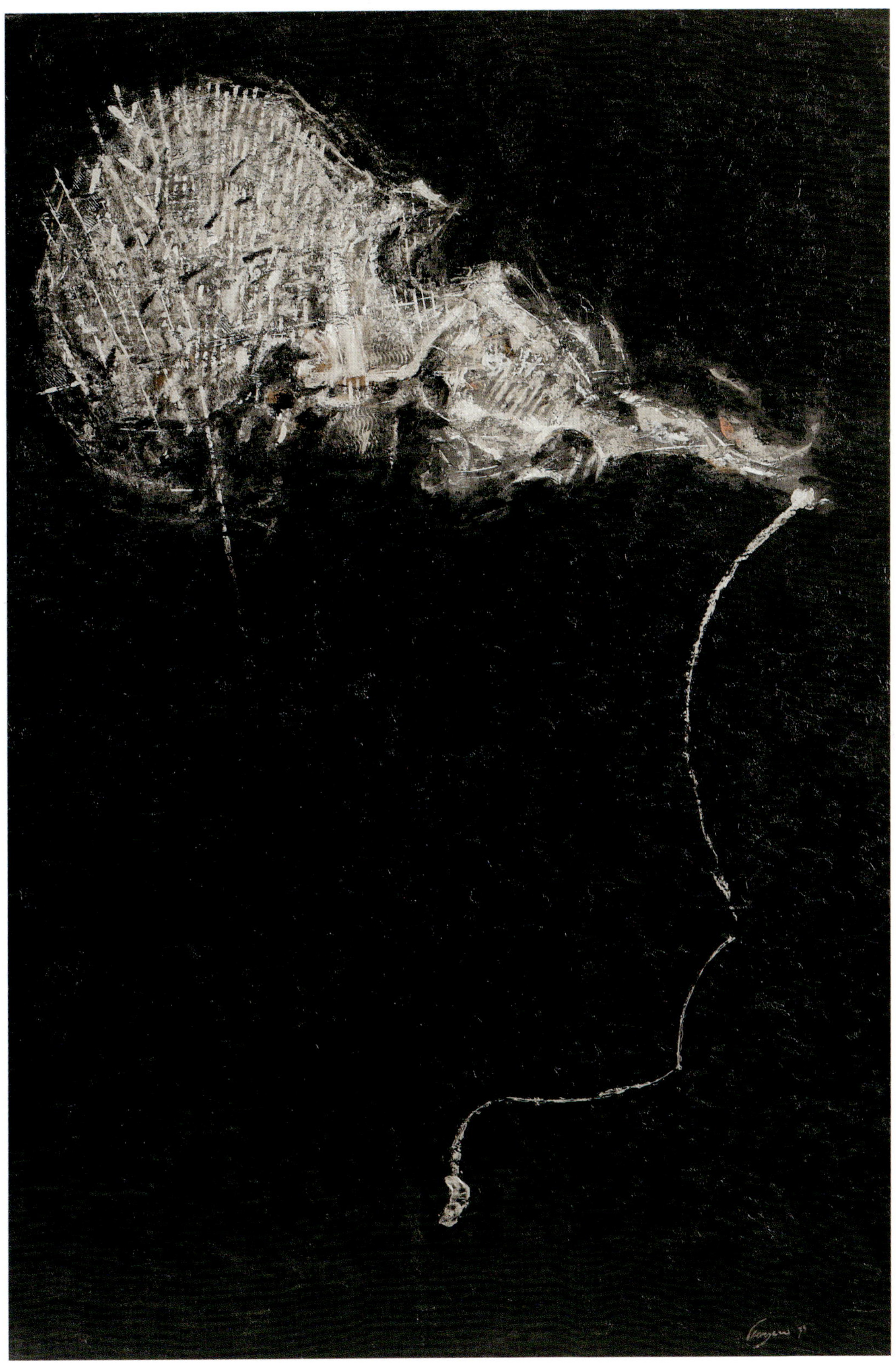

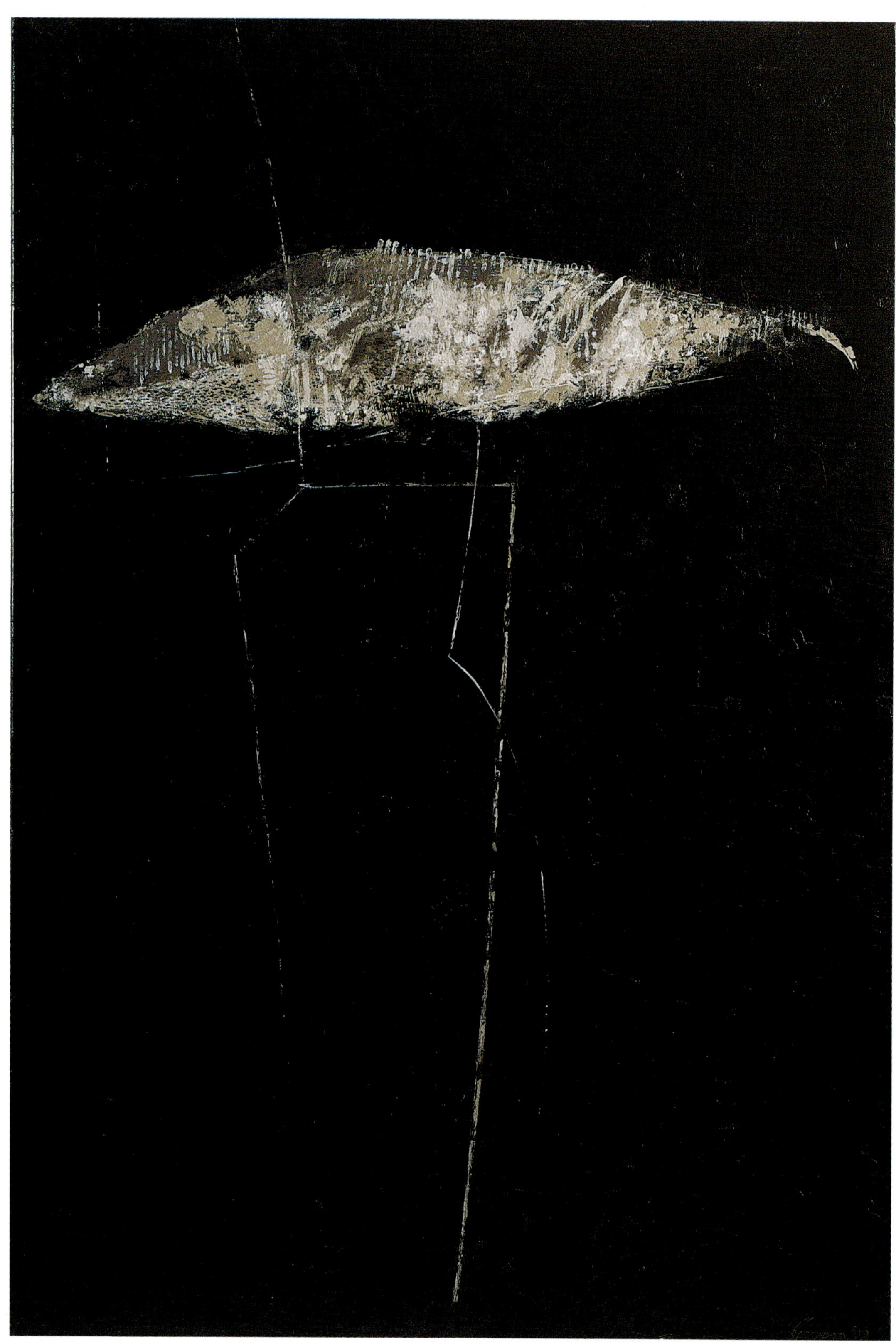

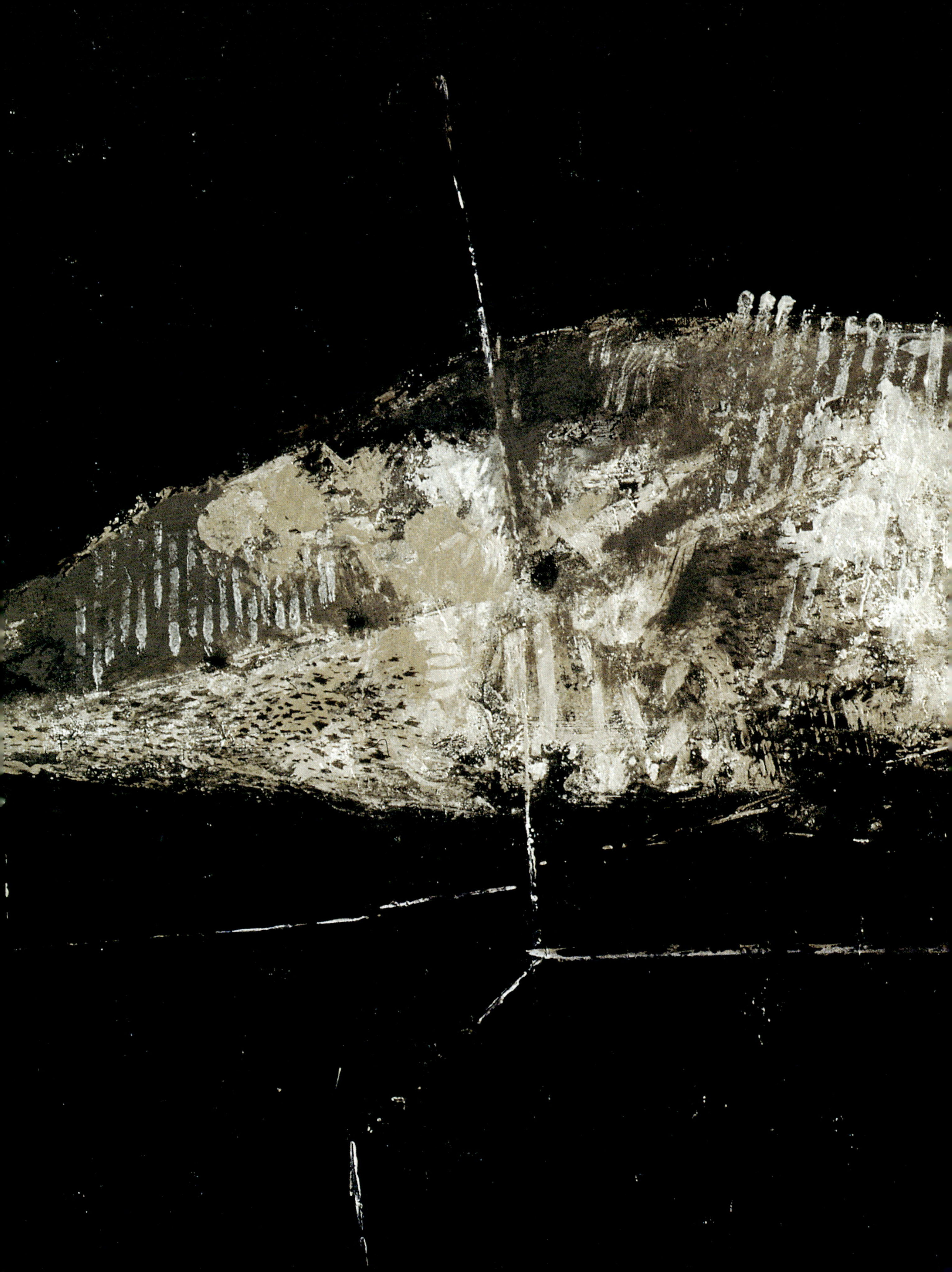

Romantiche sospensioni, 2000
Neroargento # XVI, 2001
p. 32-33: *Grigioargento*, 1998

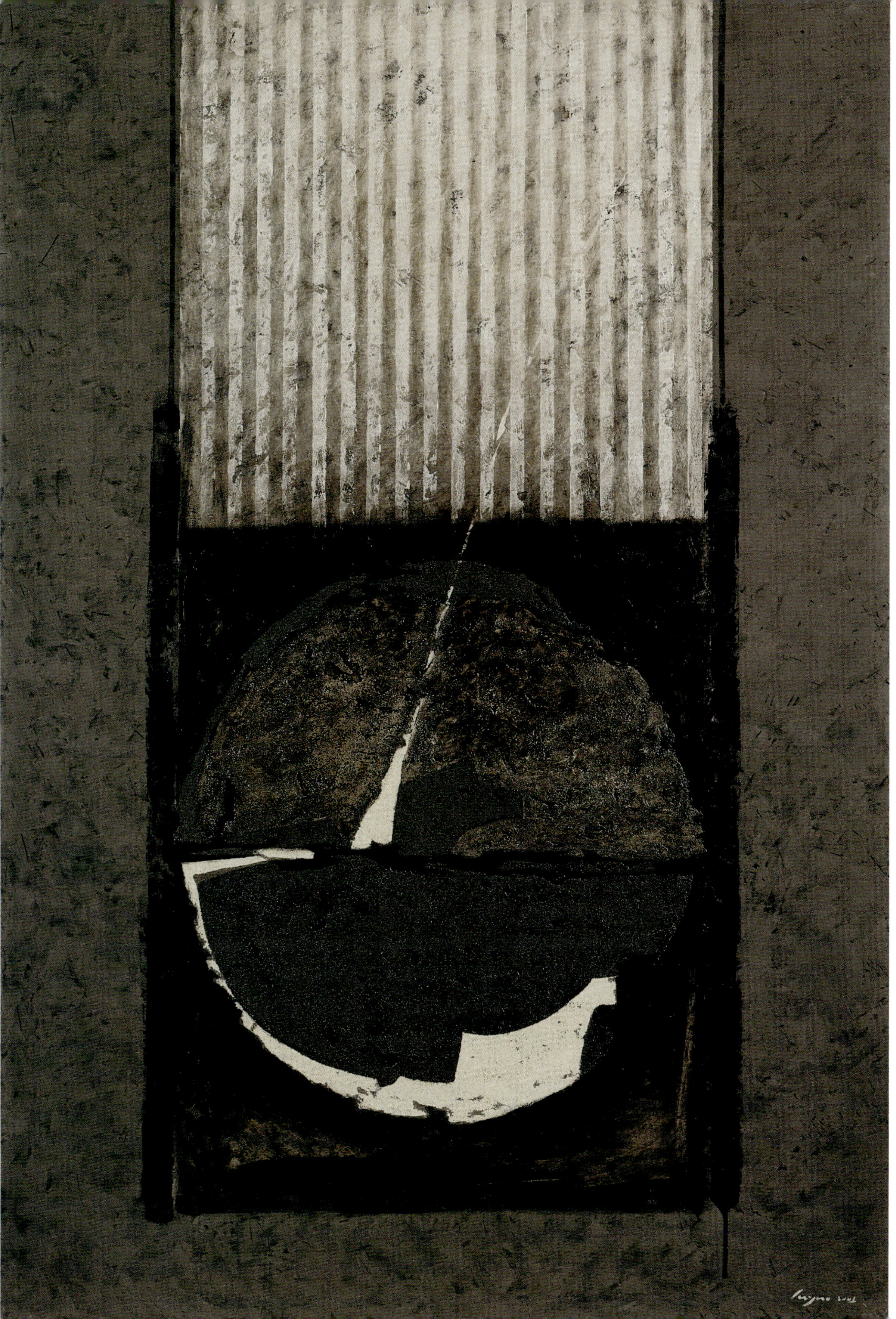

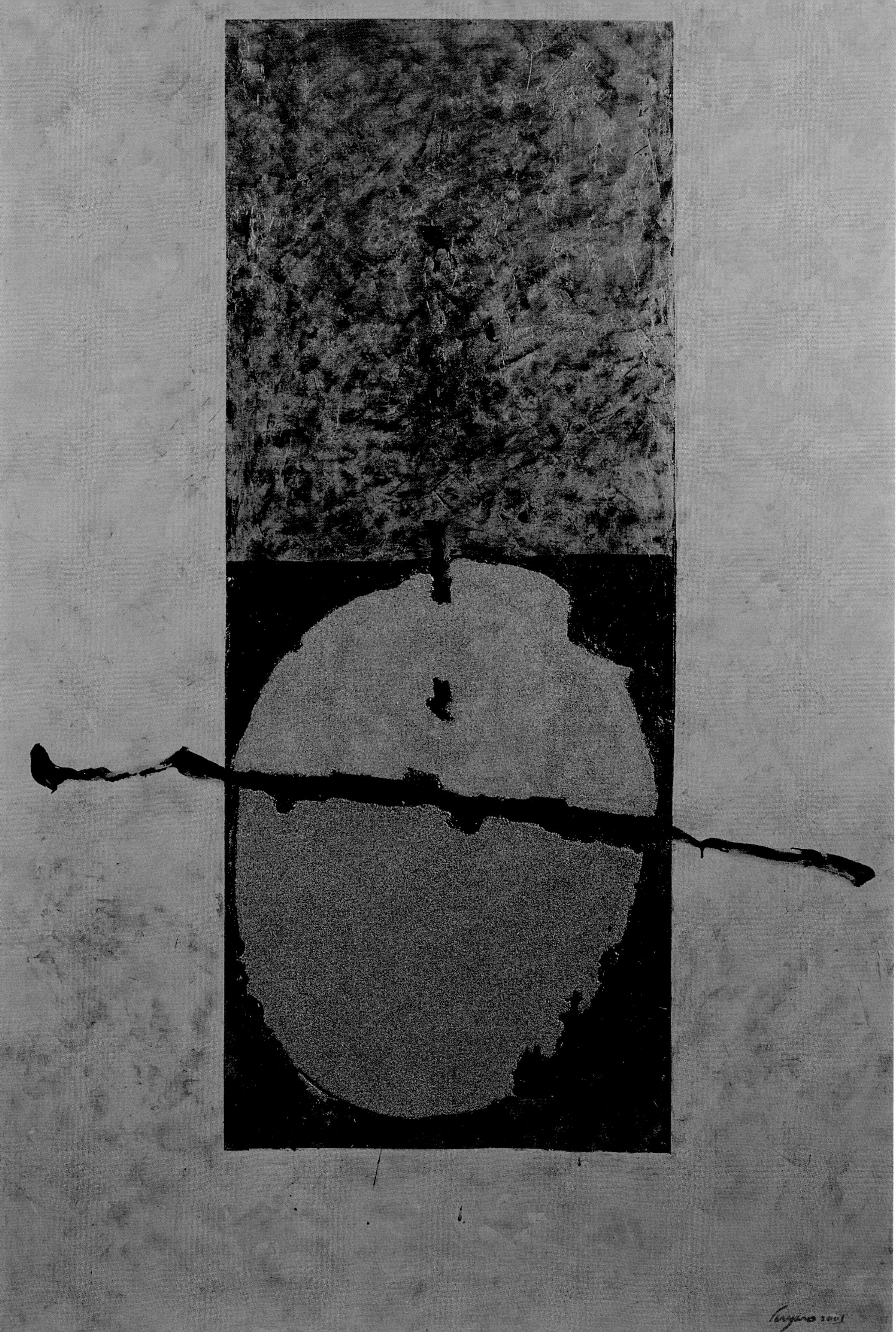

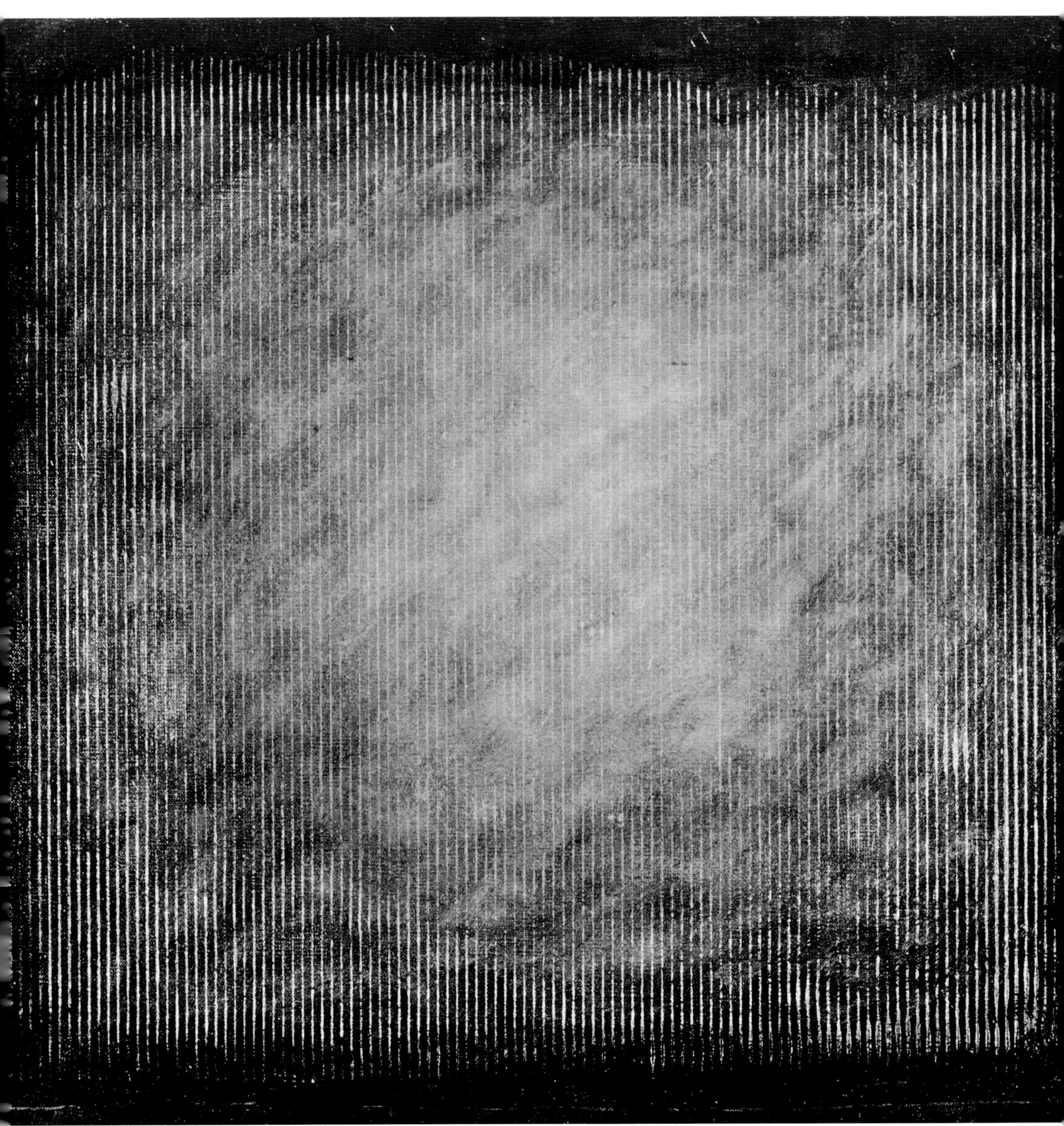

S. T., 1998
N-A # XI, 2001

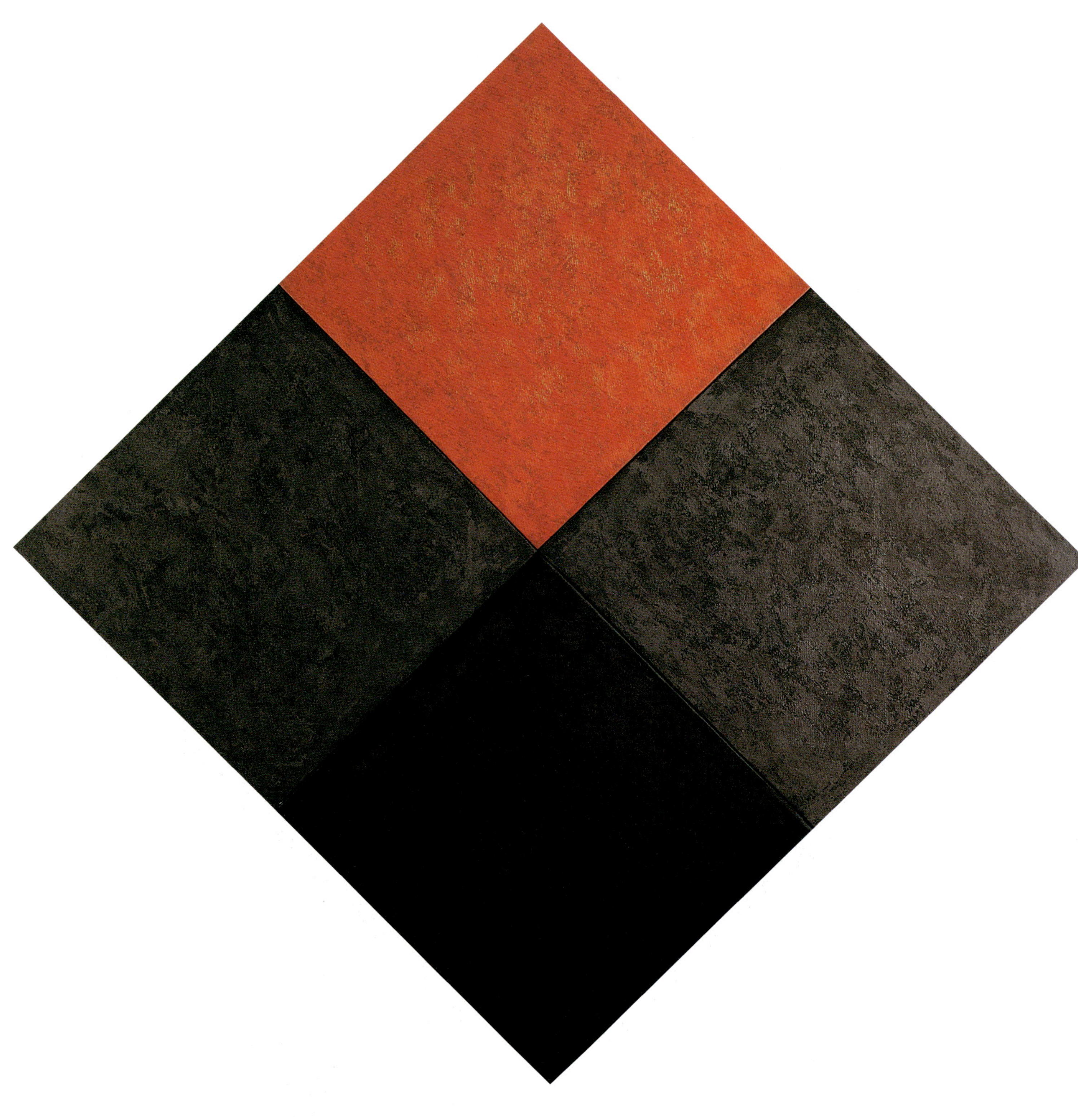

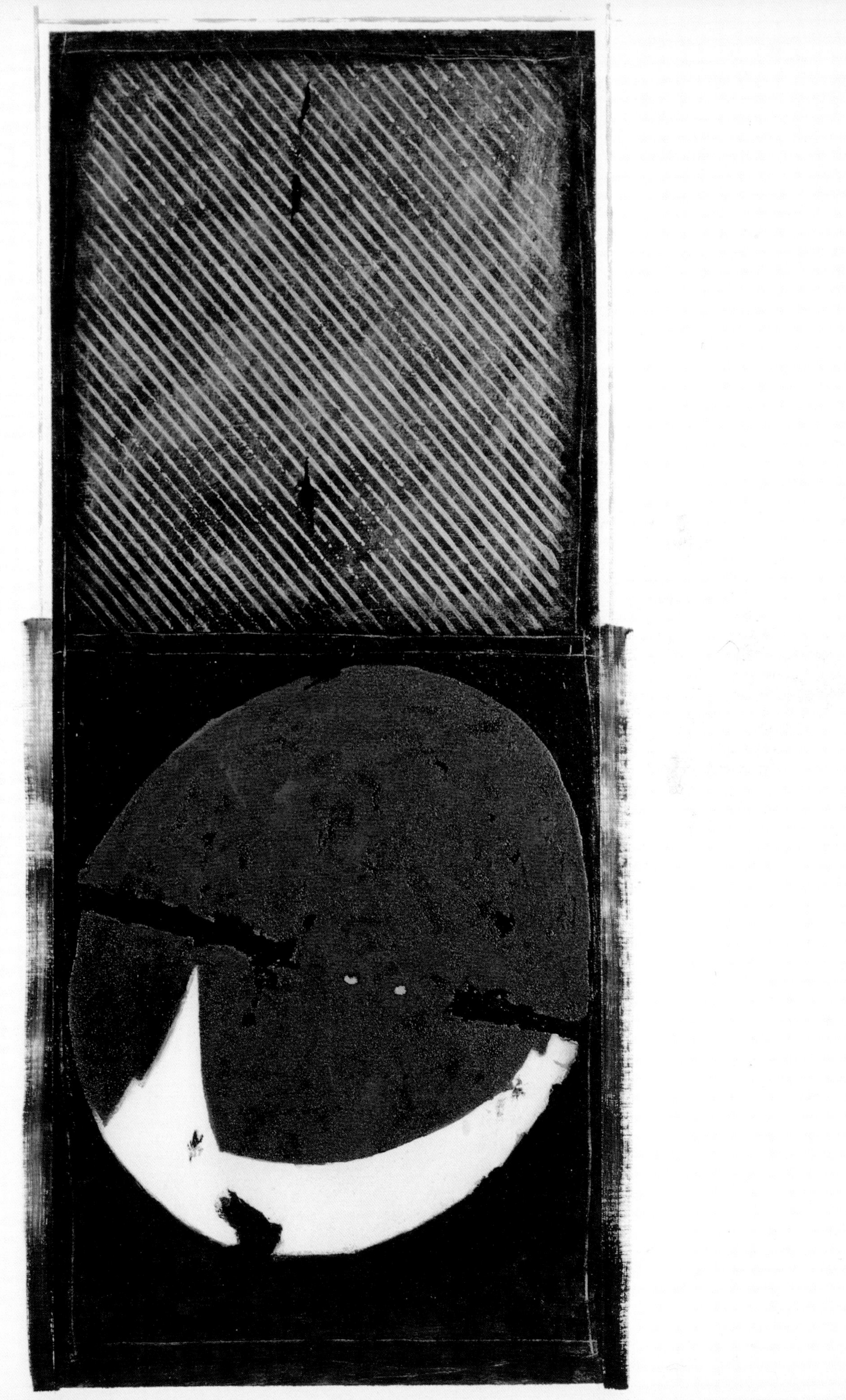

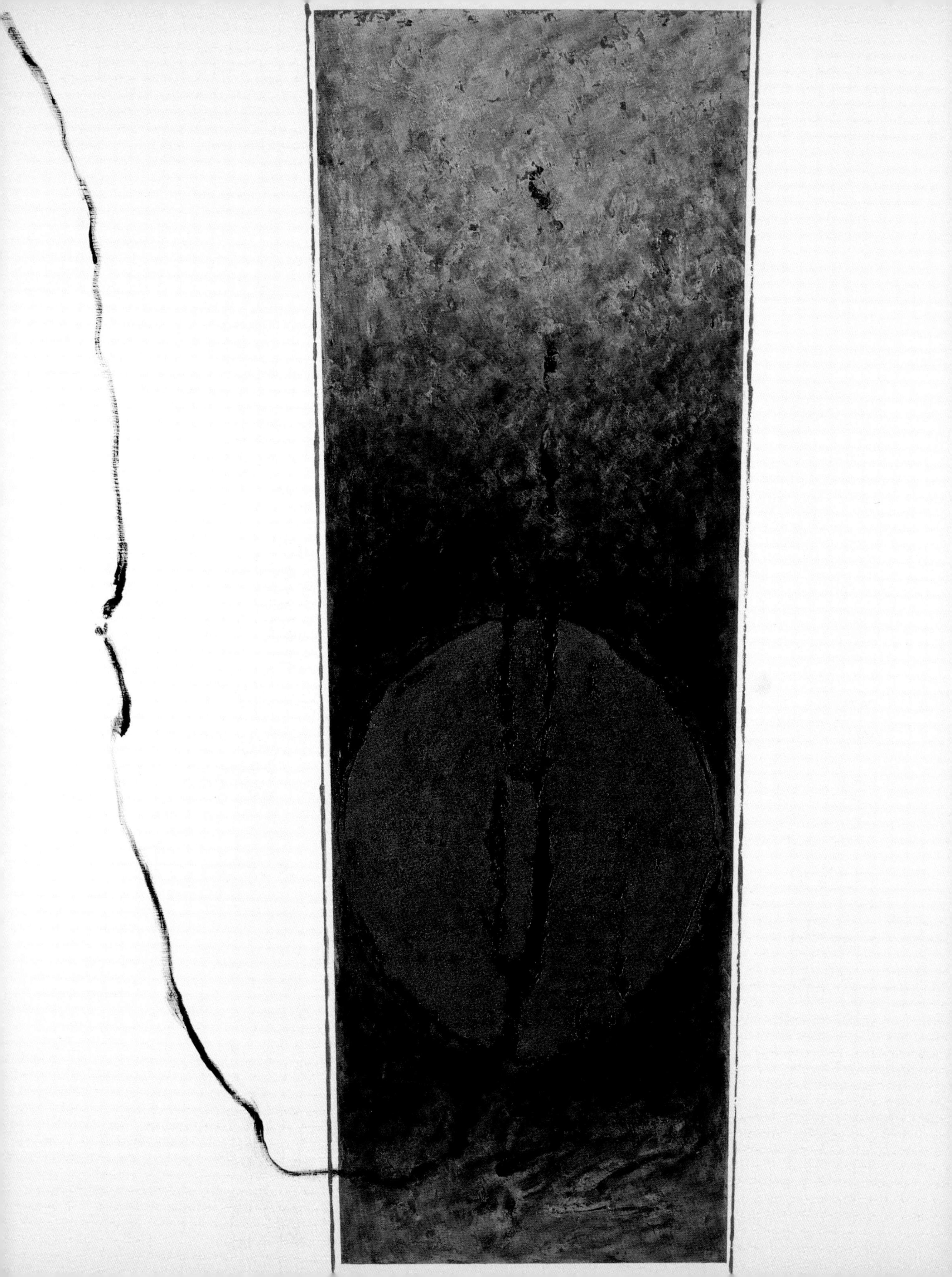

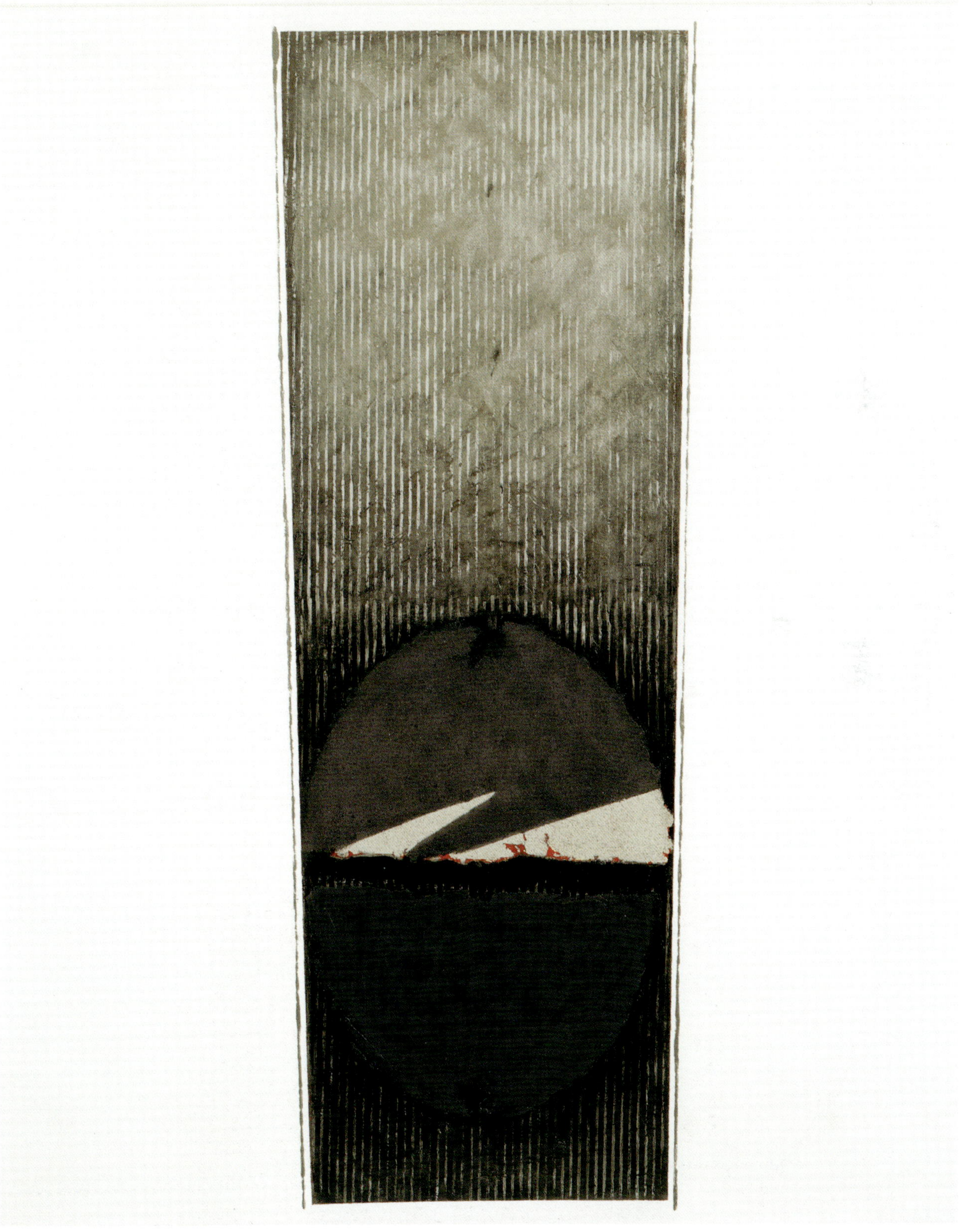

N-A # VI, 2001
N-A # XIV, 2001

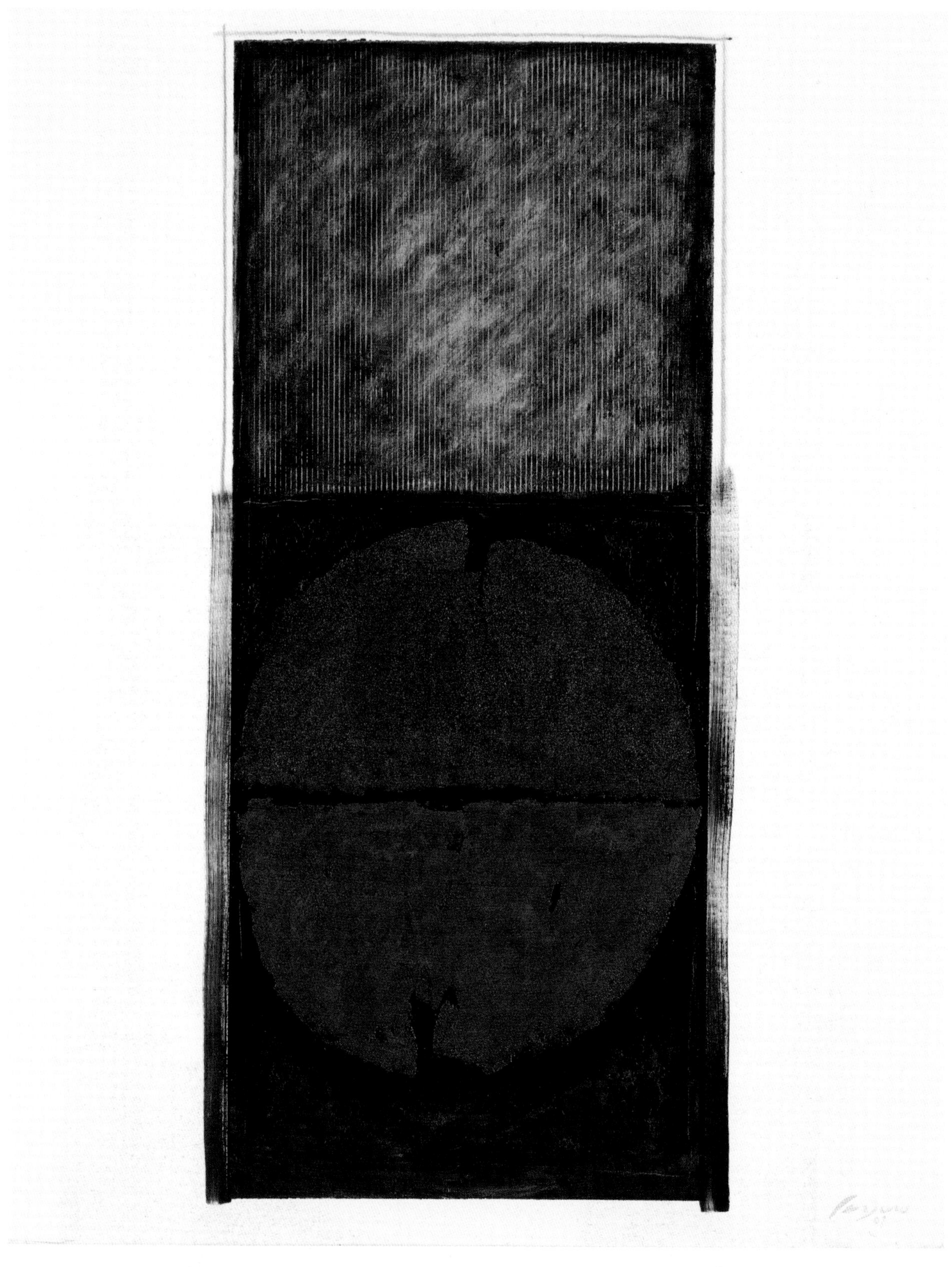

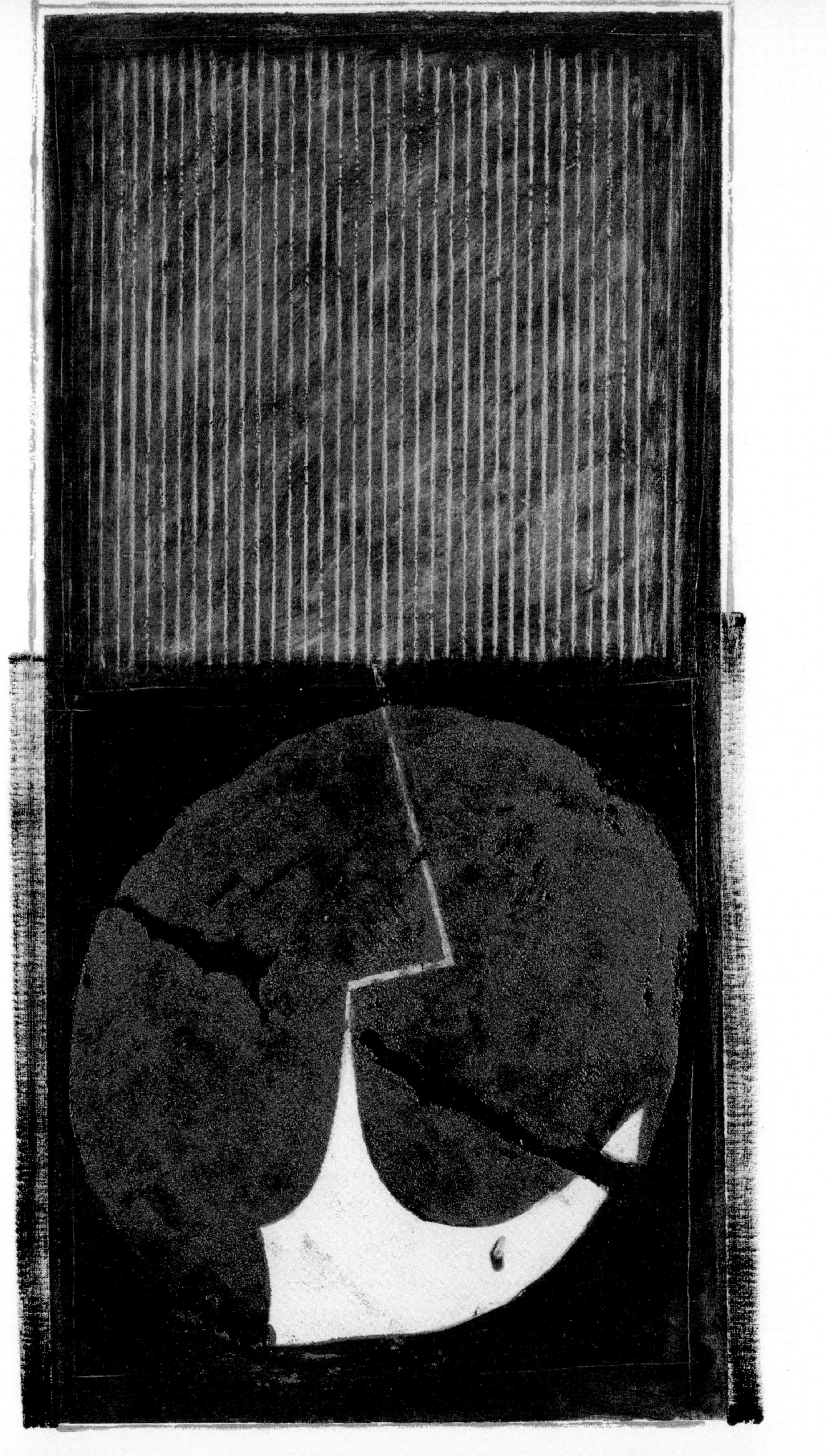

N-A # III, 2001
Virtù ovale # I, 2001
p. 46-47: Rosso dorato, 1998

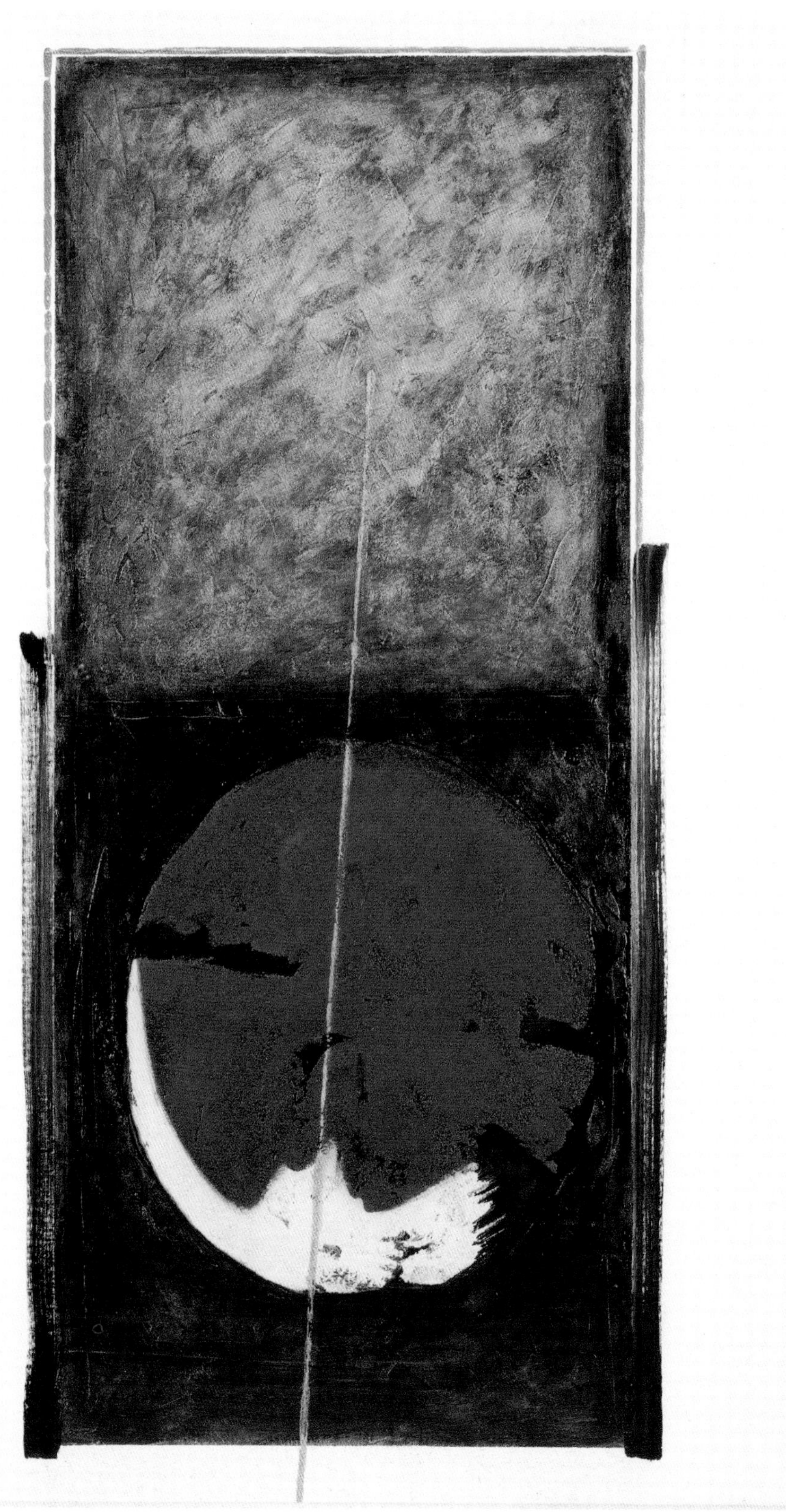

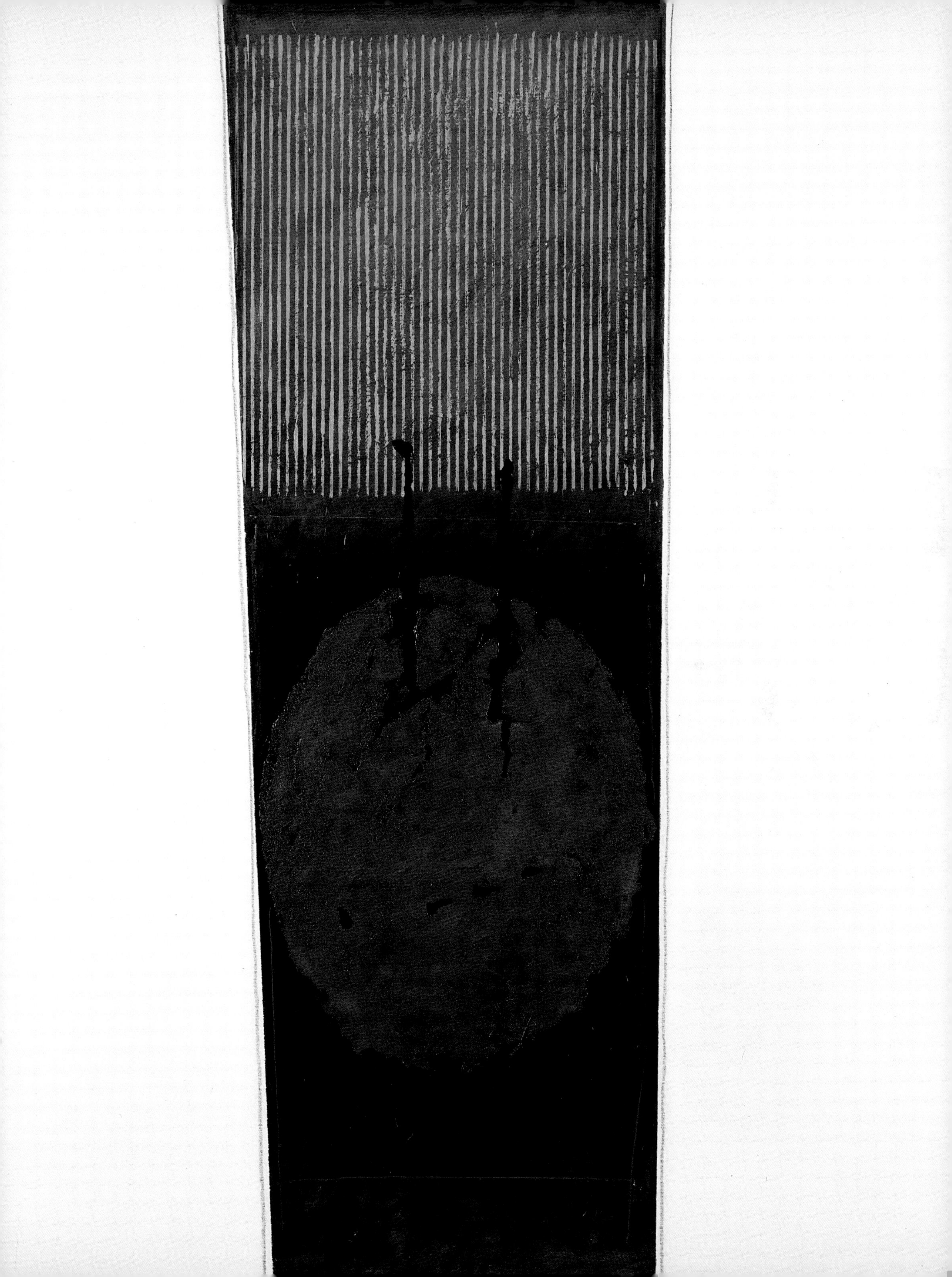

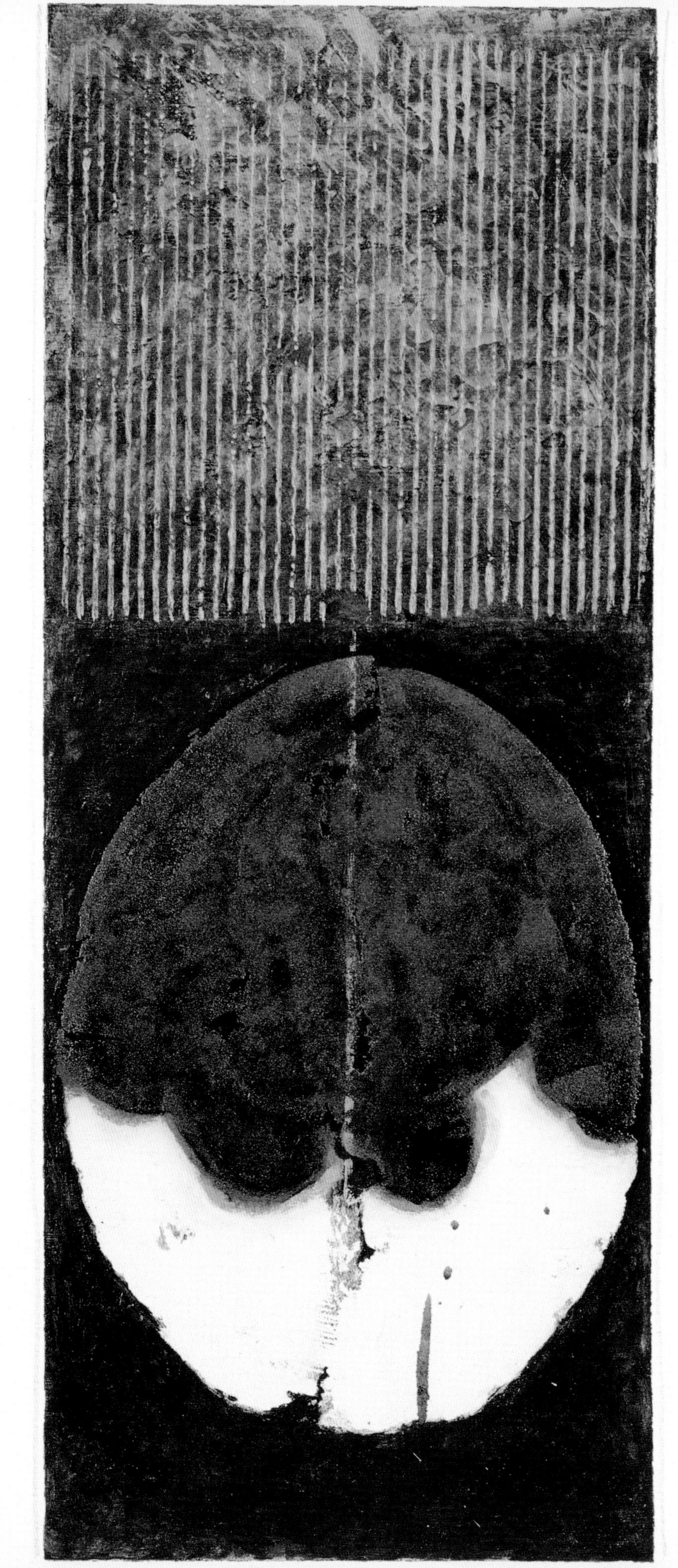

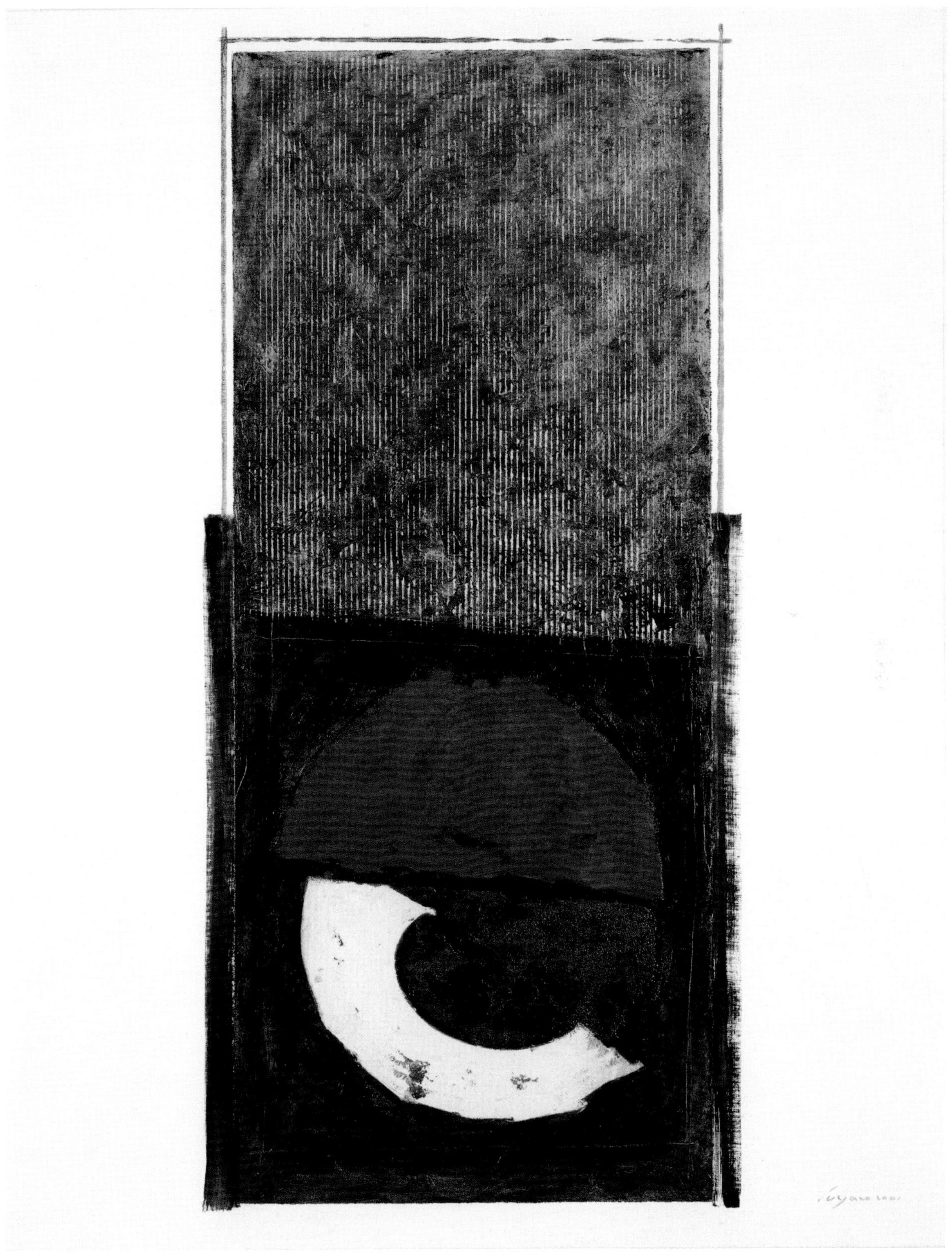

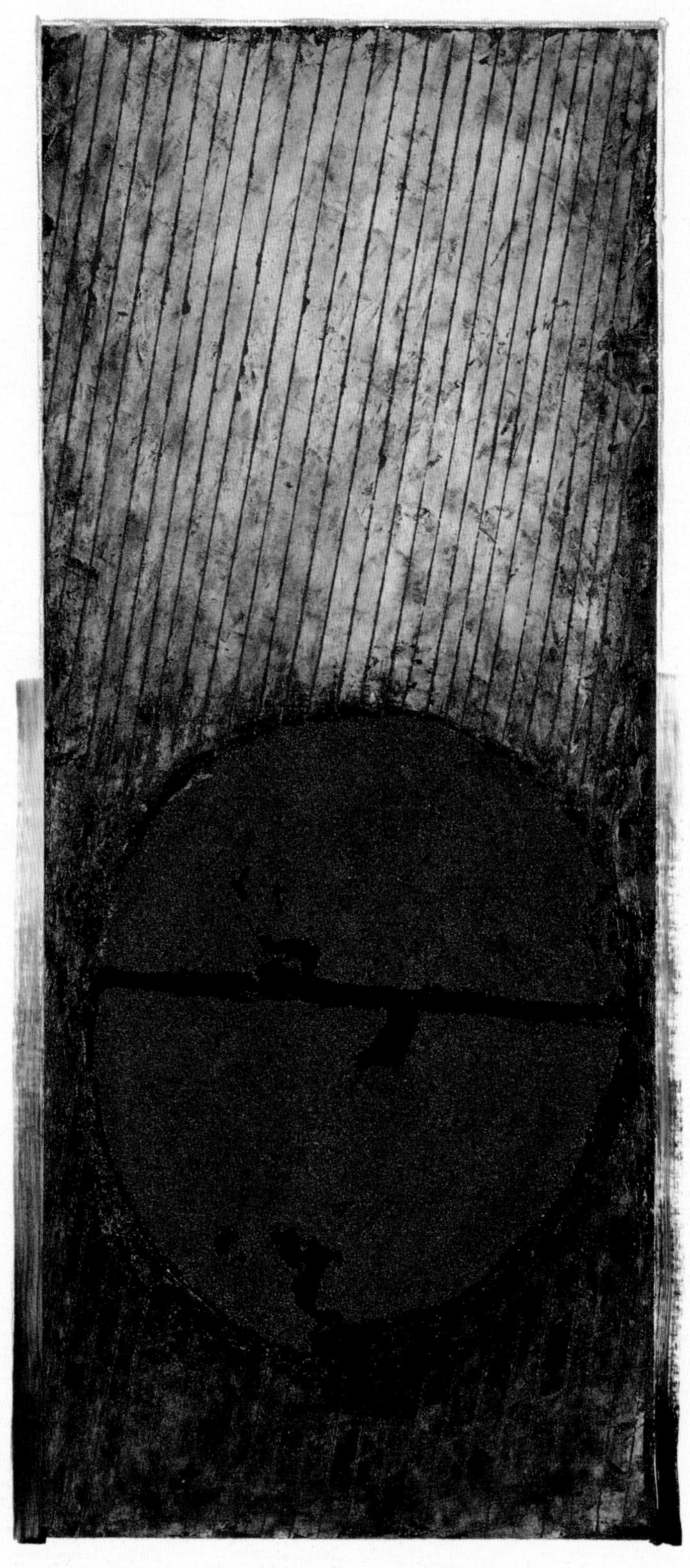

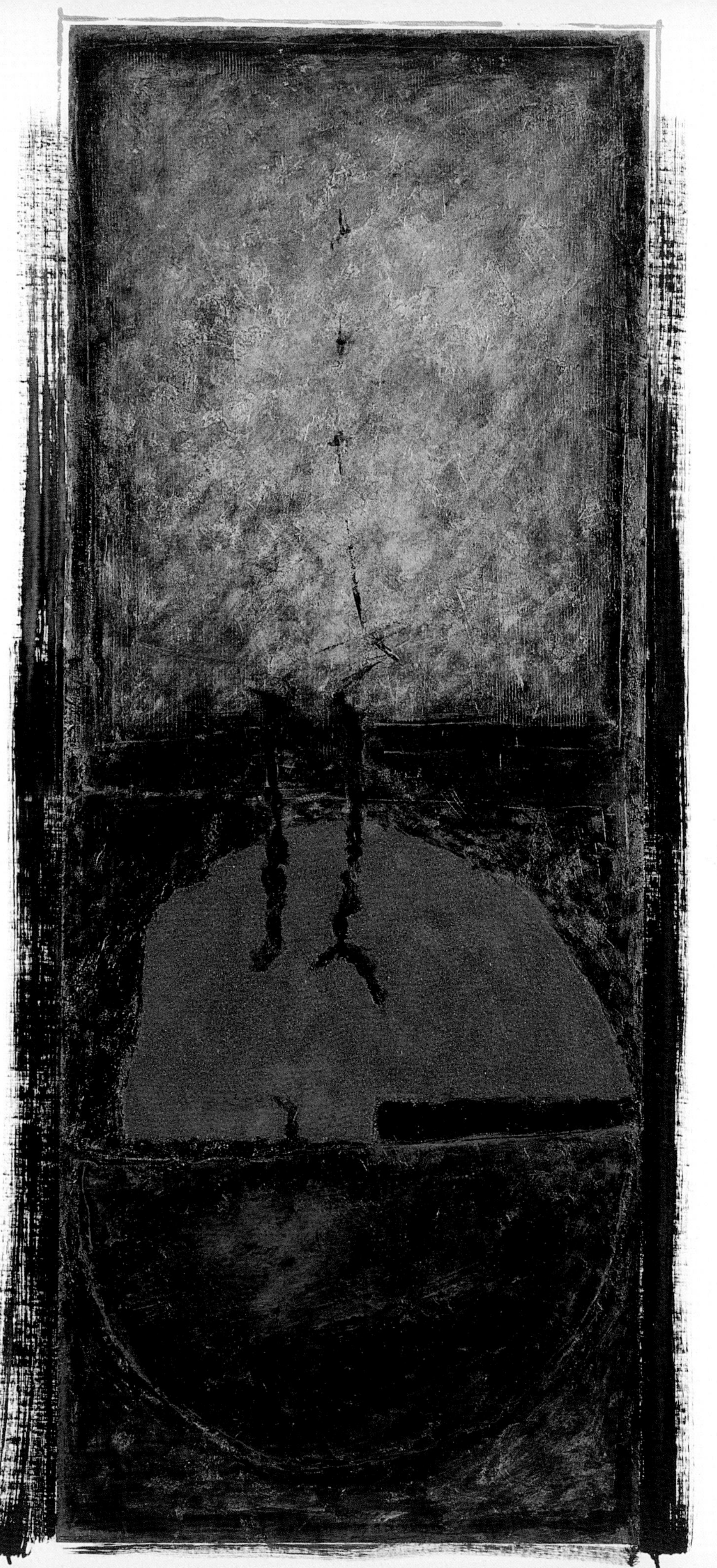

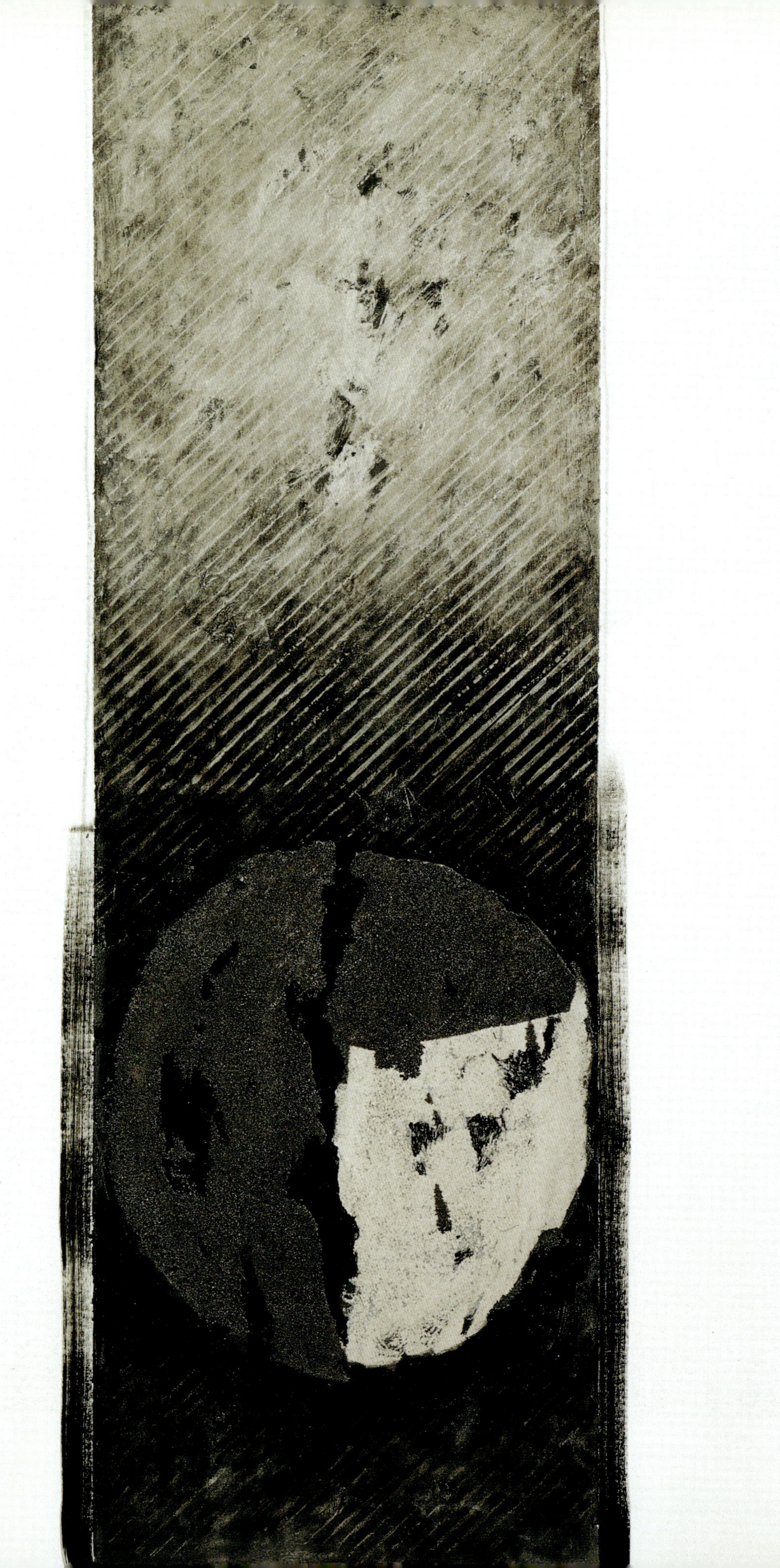

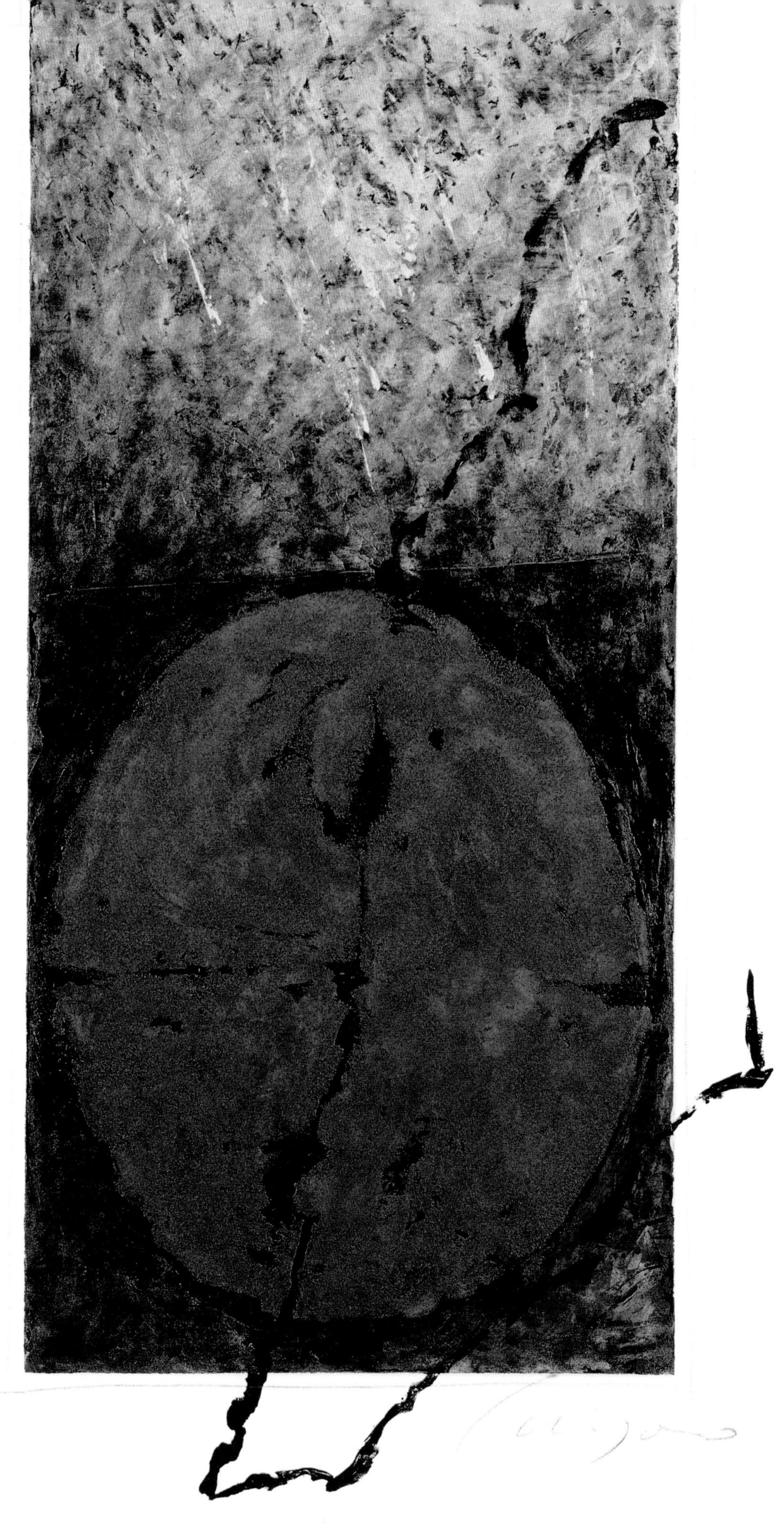

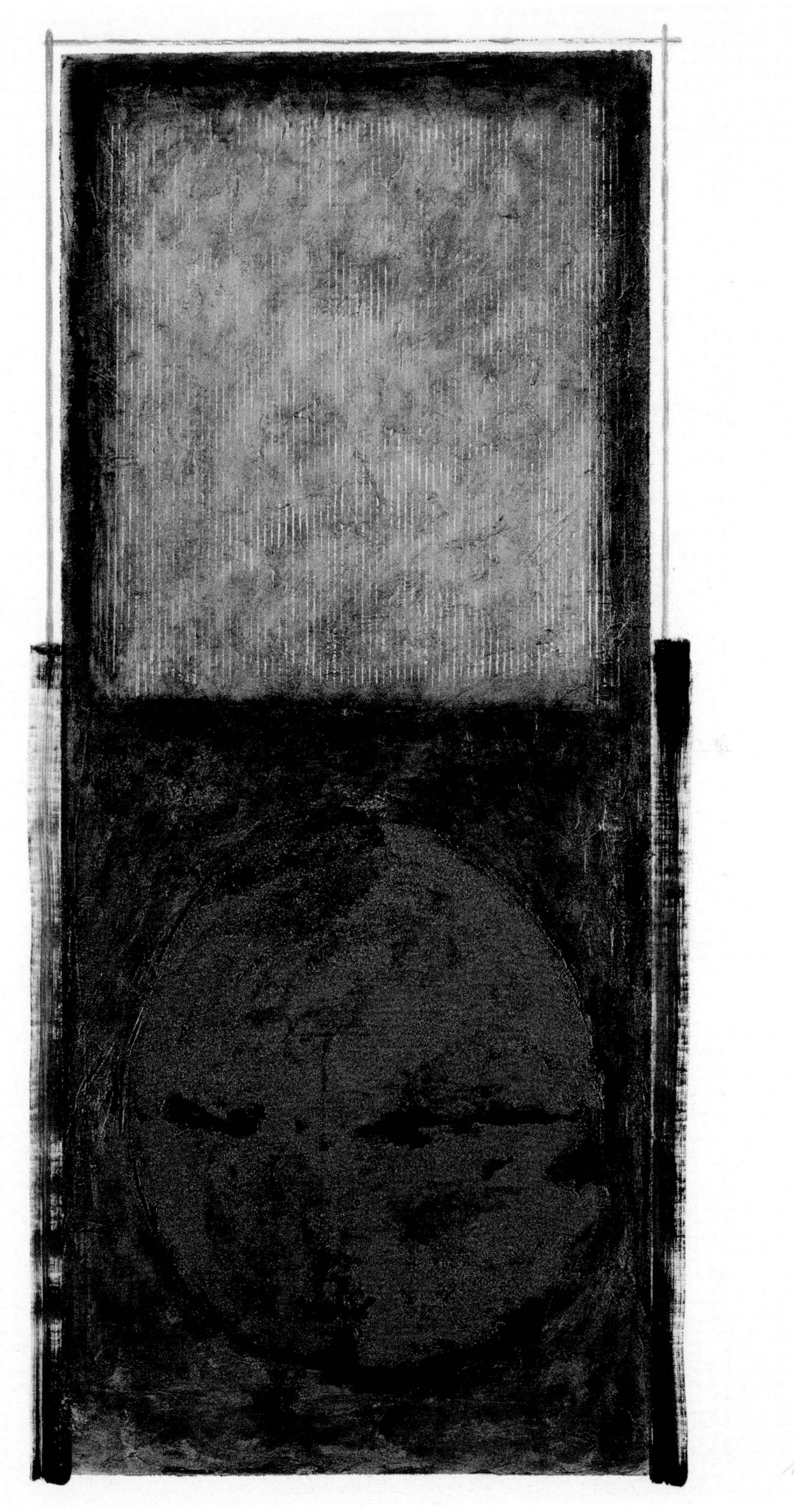

N-A # III, 2001
N-A # XIV, 2001

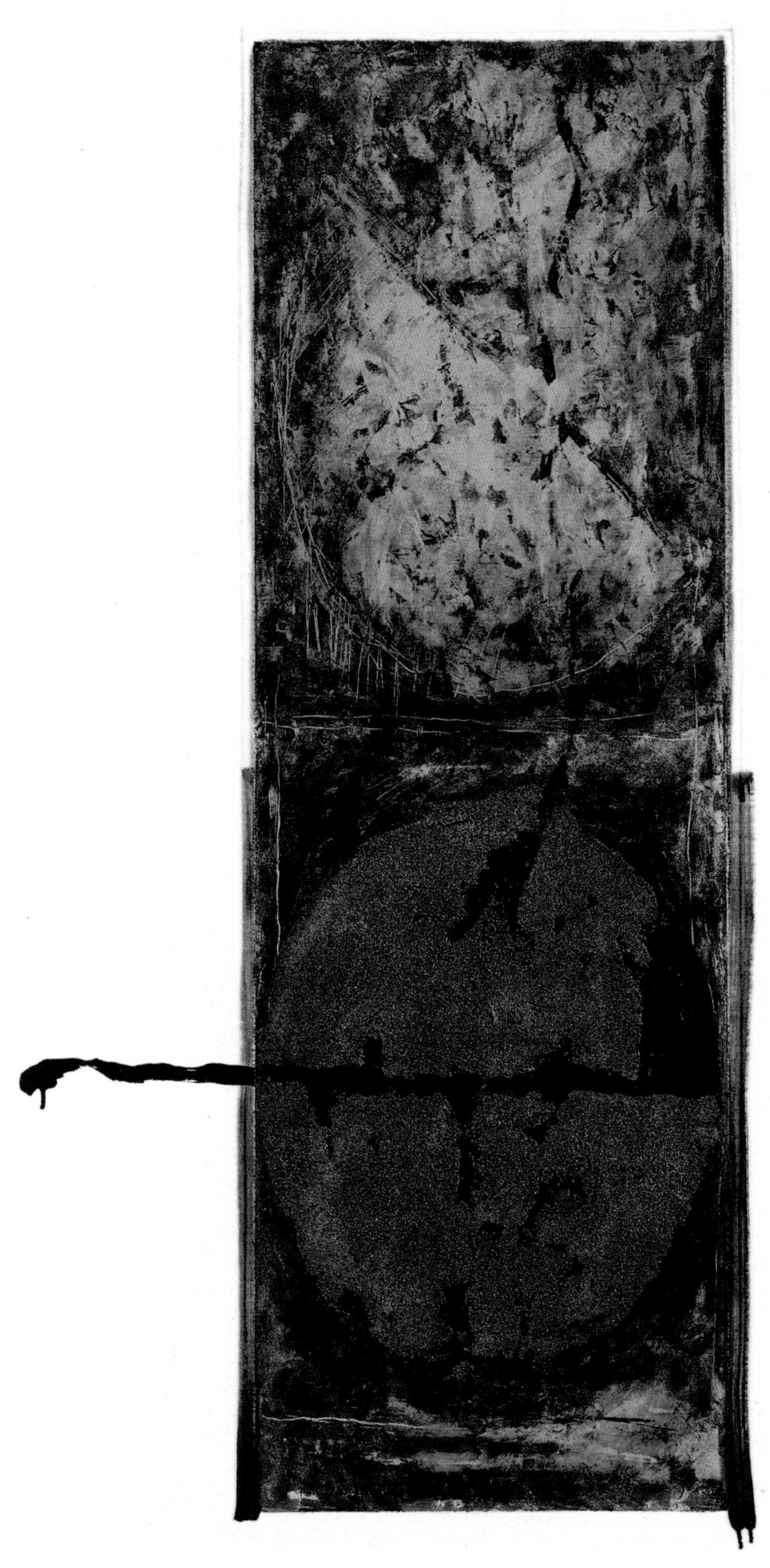

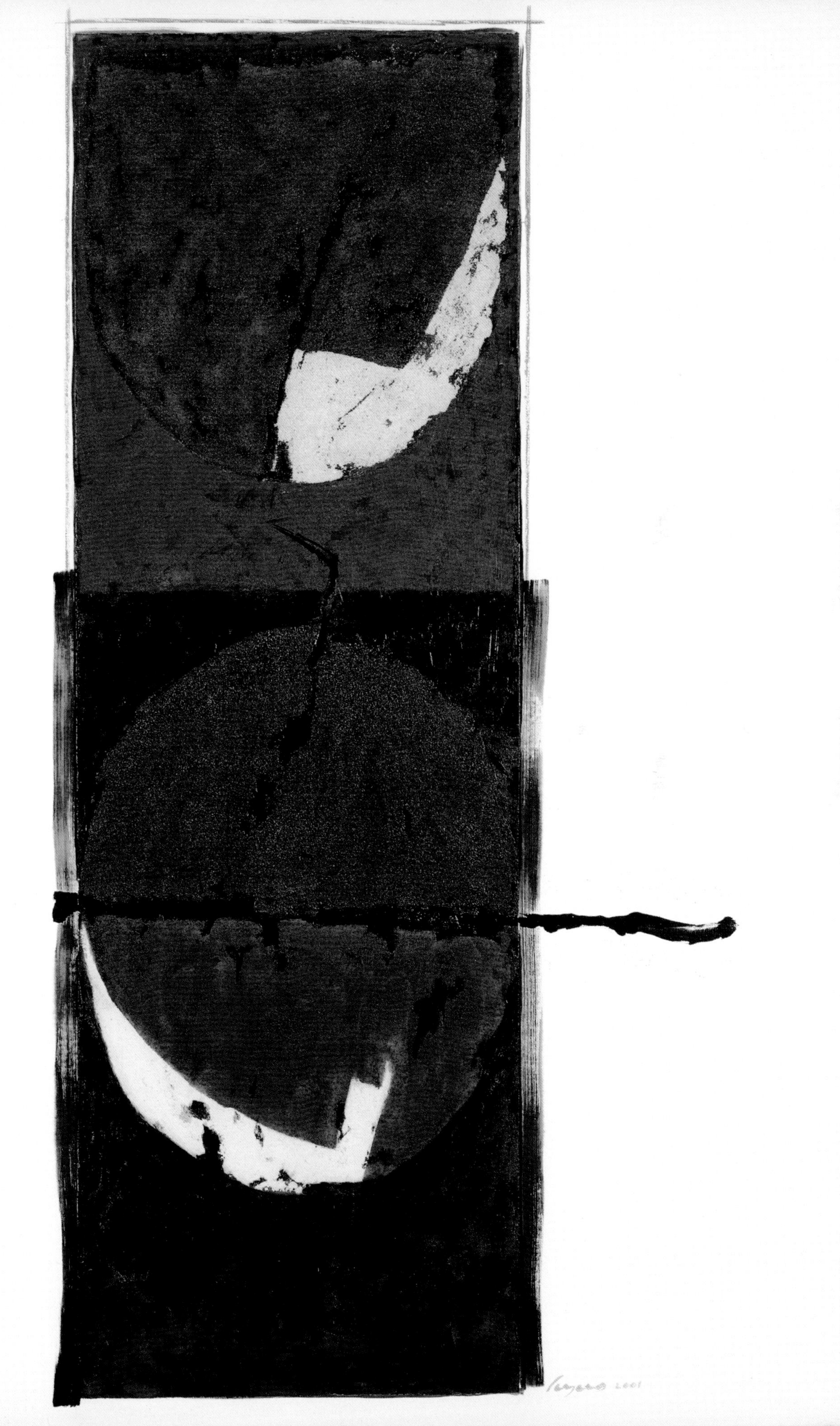

Elenco delle opere
List of Works

Grigioargento, 1998
acrilico, tela/acrylic, cloth
cm 182x182
p. 32-33

Rosso dorato, 1998
acrilico, smalto, terre, tela/acrylic, enamel,
pigments, cloth
cm 182x182
p. 46-47

S. T., 1998
acrilico, tela/acrylic, cloth
cm 215x215
p. 38

Aeree sospensioni, 1999
acrilico, smalto, tela/acrylic, enamel, cloth
cm 150x98
p. 26

Arcane sospensioni, 1999
acrilico, smalto, tela/acrylic, enamel, cloth
cm 150x98
p. 27

Argentee sospensioni, 1999
acrilico, smalto, tela/acrylic, enamel, cloth
cm 150x98
p. 28; p. 29 particolare/detail

Mute sospensioni, 1999
acrilico, smalto, tela/acrylic, enamel, cloth
cm 150x98
p. 24

Luminose sospensioni, 2000
acrilico, smalto, tela/acrylic, enamel, cloth
cm 150x98
p. 25

Romantiche sospensioni, 2000
acrilico, smalto, tela/acrylic, enamel, cloth
cm 150x98
p. 30

Virginee sospensioni, 2000
acrilico, smalto, tela/acrylic, enamel, cloth
cm 150x98
p. 23

N-A # III, 2001
acrilico, smalto, tela/acrylic, enamel, cloth
cm 100x80
p. 56

N-A # X, 2001
acrilico, smalto, tela/acrylic, enamel, cloth
cm 85x85
p. 50

N-A # XII, 2001
acrilico, smalto, terre, tela/acrylic, enamel,
pigments, cloth
cm 150x98
p. 36, p. 37 particolari/details

N-A # XV, 2001
acrilico, smalto, terre, tela/acrylic, enamel,
pigments, cloth
cm 150x98
p. 35

N-A # I, 2001
acrilico, smalto, tela/acrylic, enamel, cloth
cm 80x60
p. 55

N-A # I, 2001
acrilico, smalto, tela/acrylic, enamel, cloth
cm 80x60
p. 49

N-A # III, 2001
acrilico, smalto, terre, tela/acrylic, enamel,
pigments, cloth
cm 80x60
p. 44

N-A # VI, 2001
acrilico, smalto, terre, tela/acrylic, enamel,
pigments, cloth
cm 80x60
p. 42

N-A # XI, 2001
acrilico, smalto, terre, tela/acrylic, enamel,
pigments, cloth
cm 85x85
p. 39

N-A # XIII, 2001
acrilico, smalto, tela/acrylic, enamel, cloth
cm 100x80
p. 52

N-A # XIV, 2001
acrilico, smalto, tela/acrylic, enamel, cloth
cm 120x100
p. 51

N-A # XIV, 2001
acrilico, smalto, tela/acrylic, enamel, cloth
cm 100x80
p. 57

N-A # XIV, 2001
acrilico, smalto, terre, tela/acrylic, enamel,
pigments, cloth
cm 80x80
p. 43

Neroargento # XVI, 2001
acrilico, smalto, terre, tela/acrylic, enamel,
pigments, cloth
cm 150x98
p. 31

Neroargento # VII, 2001
acrilico, smalto, terre, tela/acrylic, enamel,
pigments, cloth
cm 80x60
p. 34

Neroargento # VIII, 2001
acrilico, smalto, tela/acrylic, enamel, cloth
cm 80x80
p. 53

Ovale, 2001
acrilico, smalto, tela/acrylic, enamel, cloth
cm 100x100
p. 54

Virtù ovale, 2001
acrilico, smalto, tela/acrylic, enamel, cloth
cm 85x85
p. 48

Virtù ovale # I, 2001
acrilico, smalto, tela/acrylic, enamel, cloth
cm 120x100
p. 45

Virtù ovale # II, 2001
acrilico, smalto, terre, tela/acrylic, enamel,
pigments, cloth
cm 120x100
p. 41

Virtù ovale # III, 2001
acrilico, smalto, terre, tela/acrylic, enamel,
pigments, cloth
cm 120x100
p. 40

Biografia
Biography

Anticamente Paestum era una florida colonia della Magna Grecia, formatasi su una vasta e fertile area pianeggiante di quella Campania felix che ancora conserva intatta l'imponenza dei templi di antiche civiltà mediterranee.

Enzo Cursaro nasce nel 1953 in questa terra, a Paestum. Si iscrive alla scuola d'arte di Salerno e in seguito frequenta l'Accademia di Belle Arti di Napoli, dove si diploma nel 1978.

Durante gli studi accademici segue i corsi di pittura del maestro Domenico Spinosa, prediligendo composizioni di carattere astratto-informale, che riprenderà più avanti negli anni Novanta.

Dopo diverse esperienze di matrice gestuale, nella prima metà degli anni Ottanta, con la Galleria San Carlo di Napoli, entra a far parte attiva di un gruppo abbastanza articolato di artisti appartenenti all'area del Mezzogiorno.

In quel periodo Cursaro utilizza oggetti selezionando lo spazio e definendone il grado di densità e intensità luminosa, qualità espresse in funzione di quella superficie capace di accogliere anche presenze umane.

Dopo continui viaggi in Francia e in Germania, nel 1989 sceglie come residenza definitiva Verona. L'inizio di questo periodo coincide con un momento di frenetica attività creativa.

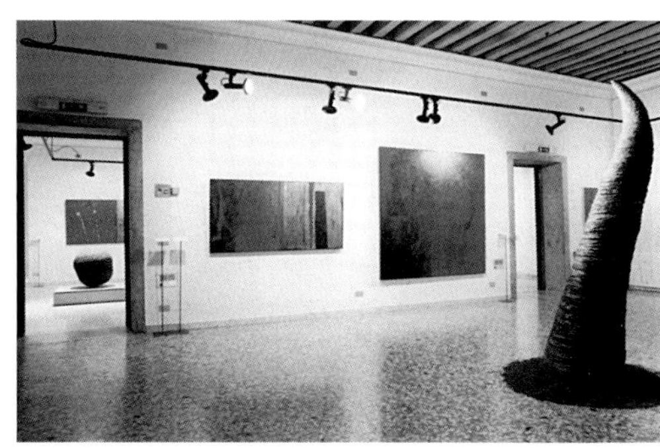

Memoria-Forma e Spazio, 1999
Bassano del Grappa, Museo Palazzo Agostinelli

In ancient times Paestum was a flourishing colony of the Magna Grecia, built on the vast and fertile plane of Campania felix which still today preserves intact the grandeur of the temples of the ancient Mediterranean civilizations.

Enzo Cursaro was born here in Paestum in 1953. He enrolled at the art school of Salerno and then attended the Academy of Fine Arts in Naples where he got his diploma in 1978.

During his academic studies he followed a painting course held by the maestro Domenico Spinosa, favoring compositions of an abstract-informal nature, which he took up again in the nineties.

After various experiences with gestural painting at the Galleria San Carlo in Naples in the first half of the eighties, he actively joined a rather diversified group of artists from the South of Italy.

In that period Cursaro used objects choosing the space and defining its degree of light density and intensity, qualities expressed depending on the surface which also contains human traces.

In 1989 after continual journeys in France and Germany he chose Verona as his permanent home. The beginning of this period coincided with a moment of frenzied creative activity.

The artist produces works in which the line and the sign transmit a breathtaking spatial dynamism and a rich fragmentation of color, freeing his personal mark expressed by a spiral sign.

His work has always been devoted to the quest for a strict artistic identity. Later he moved with greater ebullience and awareness towards a more expert arrangement of forms. Composite forms which, with the onset of the nineties, began to steadily take on a particular symbolic figuration. Later this acquired the quality of a dynamic, more airy drawing subject to a control which imprisoned the color in an "abstract form".

The evolution of his painting manner saw him exhibiting in France, Germany, Spain and Switzerland, while in Italy he prepared,

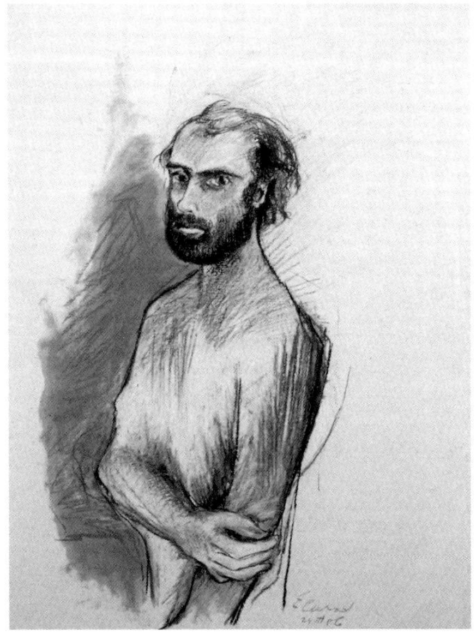

Autoritratto, 1987
pastelli a olio, carta/oil pastels, paper
cm 100x70

L'artista produce lavori in cui la linea e il segno comunicano un dirompente dinamismo spaziale e una ricca frammentazione del colore, liberando la sua personale grafia espressa attraverso un segno a spirale.
Un lavoro, il suo, sempre rivolto alla ricerca di un'esigente identità artistica. In seguito si avvia con maggiore slancio e consapevolezza verso una più sapiente disposizione delle forme. Forme composte che, con l'inizio degli anni Novanta, vanno assumendo una particolare figurazione simbolica. Più tardi acquisisce la qualità di un disegno dinamico, più aereo, sottoposto a un controllo che racchiude il colore in una "forma astratta".
L'evoluzione del fare artistico lo vede esporre in Francia, in Germania, in Spagna e in Svizzera, mentre in Italia si prepara, assieme al suo amico scultore e incisore Bruny Sartori, per un'esposizione, nei musei di Mantova e di Bassano del Grappa, sintetizzata nel tema "memoria-forma e spazio", in cui i due artisti manifestano l'affinità di ricerca nell'uso sia del linguaggio pittorico sia di quello scultoreo.
In occasione dell'esposizione al Museo di Bassano del Grappa, Cursaro espone un gruppo di opere dove la materia e l'immagine sono prevalentemente unite dal colore nero lucido e da un unico titolo: *Sospensioni*.
In questa figurazione sospesa e arcana di fine millennio egli si manifesta nell'essenziale equilibrio tra la relazione di una forma data, definita o vagamente definita, e lo spazio, a sua volta anche tela bianca, luce argentea e materia vibrante. Con una coerente autorità artistica, egli assicura alle sue opere una solida natura pittorica scaturita da un lavoro intelligente e metodico, in cui l'interna dialettica indica la preoccupazione di affermare come la pittura possa risultare ancora un'espressione non superata nel procurare profonde emozioni estetiche e comunque in simbiosi con l'arte aggiornata dei nostri tempi.
Le sue opere si trovano presso diverse collezioni private e presso permanenti collezioni pubbliche in musei e pinacoteche, sia in Italia sia all'estero.
Vive e lavora a Verona.

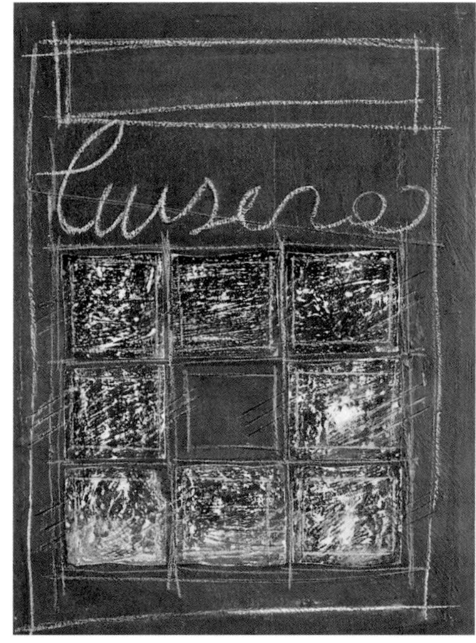

S. T., 1982
tecnica mista, tele/mixed media, cloths
cm 70x50

along with his sculptor and engraver friend Bruny Sartori, an exhibition in the museums of Mantova and Bassano del Grappa, epitomized in the theme "memory-form and space," where the two artists show an affinity in their use of both painting and sculpture. On the occasion of the exhibition at Museo di Bassano del Grappa, Cursaro presents a group of works where the subjects and the image are predominantly linked by the shiny black color and a single title: *Sospensioni*.
At the end-of-the-millennium Cursaro demonstrates the essential balance between the relation of a given, definite or vaguely definite form and the space, in its turn white canvas, silvery light and vibrant material. With this coherent artistic power he ensures his paintings have a solid pictorial nature deriving from intelligent and methodical work in which the internal dialectic indicates a concern for stating how painting might prove to be still an unsurpassed form of expression for procuring profound aesthetic emotions and anyway in symbiosis with the art of our times.
His works are to be found in various private collections and permanently exhibited in the public collections of museums and picture galleries, both in Italy and abroad.
He lives and works in Verona.

Esposizioni
Exhibitions

Principali esposizioni personali
Selected Solo Exhibitions

1978
Galleria d'arte Il Campo, Cava dei Tirreni,
Salerno

1986
Galleria Internazionale, Roma

1988
Hôtel de la Region Poitou-Charentes, Poitiers

1989
Galerie Diane Grimaldi, Poitiers

1990
Kleine Schlossgalerie, Weiher

1995
Studio Arte & Arte, Verona
Galleria Prisma, Verona
Galeria Dubè, Barcelona
Galerie Brule'e, Strasbourg
Galleria La Firma, Riva del Garda, Trento

1996
Galleria La Città-Verona, Arte Expo,
Frankfurt

1997
Galeria Dubè, Arte Expo, Barcelona
Galleria Prisma, Arte Expo, Vicenza
Galleria Caruso, Milazzo, Messina

1998
Museo di Palazzo Ducale, Mantova

1999
Galerie Dumont, Genève
Pietre pittoriche, Comune di Sarego,
Vicenza
Museo Palazzo Agostinelli, Bassano del
Grappa, Vicenza

2000
Galleria Scala Arte, Verona

2001
Galleria Scrimin, Bassano del Grappa,
Vicenza
Galleria Studio '34, Salerno

Principali esposizioni collettive
Selected Group Exhibitions

1978
Una matrice astratta, Galleria Il Vecchio
Mulino, Minori, Salerno

1980
Conseguenza dell'astratto, Comune di
Paestum, Salerno

1981
Linguaggio altrui, Comune di Angri, Salerno

1982
Mail Art, Pinacoteca, Accademia di Belle
Arti, Napoli
Estemporanea, Comune di Angri, Salerno
Terza Biennale Internazionale di Grafica,
Santa Chiara, Napoli
Irrazionalità, conseguenze dell'astratto,
Centro d'arte La Bilancia, Bagnoli, Napoli

1983
Galleria San Carlo, Napoli
Expo Arte Contemporanea, Bari
Cronache ed indagini, Terza Biennale
d'arte, La Spezia
Biennale '83, La Spezia
Palazzo della Società di Belle Arti, Torino

1984
Gruppo San Carlo '84, Galleria d'Arte
Moderna, Loiano, Bologna

1986
XIV Mostra Internazionale, Foyer Aula
Magna Università "La Sapienza", Roma
Internazionale d'arte, Castello Colonna,
Genazzano, Roma

1991
Grafica di dieci artisti contemporanei,
Galerie Diane Grimaldi, Poitiers
Palais des Ducs d'Aquitaine, Poitiers

1994
Jardins d'hiver, Galleria Civica, Bolzano

1995
Vie Toscane, Associazione Pro Anghiar,
Arezzo

1996
Museo Permanente d'Arte
Contemporanea, Milazzo, Messina

1999
Gràfica contemporánea, Galeria 33,
Barcelona

2000
Livre objet-Livre d'artiste, Galerie Dumont,
Genève

2001
Galleria Scala Arte, Verona
Galleria La Firma, Riva del Garda, Trento
Museo Castello Svevo, Barletta, Bari
Museum of Modern Art, Ministry of Culture,
Praha
Museo Scuola Grande di San Rocco,
Venezia
Museo Fondazione Miniscalchi Erizzo,
Verona

Finito di stampare nel mese di ottobre 2001
da Tipografia Rumor Spa, Vicenza
per conto di Edizioni Charta
su carta Gardamatt Art delle cartiere del Garda Spa